ཚེམས་སློབ་བྱེད་ཞིབ་འབྲོག་ཁུལ་གྱི་དཀའ་ངལ་འཚོལ་འཕྱིང་
རྒྱུས་བརྗགས་དཔྱད་སྣང་ཀྲུ། (2018)

北京大学新结构经济学研究院西藏分院 研究报告系列
西 藏 大 学 珠 峰 研 究 院

拉萨市农牧区民生
发展调查报告
（2018）

杨 丹　徐爱燕　杨 帆　著

人 民 出 版 社

序 一

民生关乎发展稳定，民生关乎人民福祉，民生是最大的政治。西藏地处祖国西南边陲，是边疆民族地区、宗教氛围浓厚地区、集中连片贫困地区、反分裂斗争的第一线和主战场。能否把民生这件大事办好，事关人心向背、事关民族团结、事关改革发展稳定大局、事关党在西藏的执政基础。

"增进民生福祉是发展的根本目的。"党和国家始终高度重视民生问题，将民生保障与改善作为发展的目标。特殊自然地理条件及历史文化特征，藏区农牧民有着相对独特的生产生活方式，农牧区民生发展也有其个性特征。"治国必治边、治边先稳藏"，和平解放以来虽然西藏实现了六十载跨越千年的"西藏奇迹"，但民生改善只有进行时，没有完成时。在西藏全面建成小康社会、谱写中华民族伟大复兴西藏篇章的伟大征程中，学人只有把根深深地扎入群众的土壤里，才能真正地了解群众所思、所想、所需，才能真正地与群众心连心、同呼吸、共命运。

调查研究是谋事之基、成事之道。做好民生工作离不开调查研究。2017年以杨丹教授为首的西藏大学师生组成调研队伍，用科学的方法记录拉萨农牧区的民生发展状况。目前已成功完成2017年、2018年、2019年连续三年的入户调查，相关的入户调查还将持续进行，该调查对构建西藏农牧区民生研究数据库，解决西藏经济问题研究缺乏微观数据库以及监测西藏经济社会发展动态均具有重要意义。

2018 年 12 月《拉萨市农牧区民生调查报告（2017)》的出版为西藏自治区党委政府制定有关西藏农牧区民生发展政策提供了更科学、客观的参考资料，也为四省藏区作出示范。从实践中来，到实践中去。西藏大学师生躬耕于边疆，行走于山川，用脚步丈量民情，把文章写在大地，以严谨科学的方法记录西藏农牧区的发展状况，为西藏乃至整个青藏高原的民生发展作出了重要贡献。

《拉萨市农牧区民生发展调查报告（2018)》是杨丹教授研究团队在《拉萨市农牧区民生发展调查报告（2017)》后的接续性研究成果。在优化拉萨市农牧区民生满意度测量指标体系的基础上，课题组收集最新数据，开展比较研究，进一步积累记录拉萨农牧区民生发展资料，对拉萨农牧区民生发展的客观状况以及农牧民主观民生满意度进行系统描述和分析。课题组在较短时间内完成了整个研究的顶层设计、团队搭建、资源整合与入户调研，最终形成了具有科学性、综合性、本土化的研究报告，是真正深入土壤的研究。研究团队不畏艰辛的精神、高效的统筹管理、扎实的研究功底以及对青藏高原浓厚且热烈的情感成为此书得以顺利完成的保障。

《拉萨市农牧区民生发展调查报告（2018)》为西藏民生发展有关问题的研究提供了新思路、新素材，是"本土情景"的科学展现，是具有"世界平面广度、中国本土深度和西藏未来高度"的研究成果，研究团队所做工作对西藏自治区以及整个世界第三极的发展都有重要意义。作为经济社会问题本土化研究的呕心力作，《拉萨市农牧区民生发展调查报告(2018)》兼备科学的方法、专业的精神和人文的关怀。有理由相信，随着研究的不断深入，相关成果必将逐渐体现出无法替代的理论与实践价值，推动西藏社会科学研究不断深入，助力西藏乃至四省藏区民生保障与改善。

　　期待本书成为西藏民生持续改善的有力推手，也希望研究团队的工作能逐步延伸至西藏全区以及四省藏区，促进藏区民生发展研究体系不断完善，也推动藏区民生保障程度进一步提升、居民生活持续改善。

林毅夫教授

第十三届全国政协常务委员、经济委员会副主任

国务院参事

北京大学新结构经济学研究院院长

2019 年 11 月

序　二

治国必治边、治边先稳藏。我们党历来高度重视西藏工作。党的十八大以来，以习近平同志为核心的党中央总结党领导人民治藏稳藏兴藏的成功经验，形成了新时代党的治藏方略。在党中央坚强领导下，在全国人民大力支持下，西藏各族干部群众团结一心、艰苦奋斗，解决了许多长期想解决而没有解决的难题，办成了许多过去想办而没有办成的大事，各项事业取得全方位进步、历史性成就。

"民为邦本，本固邦宁。"我们党治藏稳藏兴藏之所以成效显著，最根本的原因就是以民为本、安民稳藏、富民兴藏。在全面建成小康社会后，我国将开启全面建设社会主义现代化国家新征程。西藏也将在这个历史进程中加快跟上全国的发展步伐，全面建设社会主义现代化新西藏。进入新发展阶段，西藏仍然要把富民兴藏作为遵循的基本原则之一，把增进各族群众福祉作为兴藏的基本出发点和落脚点，紧紧围绕民族团结和民生改善推动经济发展、促进社会全面进步，让各族群众更好共享改革发展成果。

研究民生，科学为基。要牢牢把握西藏工作的主动权，牵住西藏发展的"牛鼻子"，就必须准确认识民生需求，科学评价民生发展，客观分析民生短板，精准实施民生政策。我主要从事宏观经济问题研究，对民生问题研究不多，但从科学研究的一般规律看，要对经济社会现象作出准确判断，就必须从调查研究入手，以客观数据为据，先认识现象和特征，后研究内在逻辑与规律。杨丹教授率领的研究团队正是遵循这样的科学研究范式，从采集数据入手，通过数据分析得出对拉萨民生问题的基本判断，进而再深入研究西藏经济社会发展的深层次问题。

"经世济民，孜孜以求。"习近平总书记指出："在高原上工作，最稀缺的是氧气，最宝贵的是精神。"在平均海拔超过 4000 米的地区做基础性研究，需要跋山涉水入户调查，克服语言障碍倾心交流，承受高寒缺氧准确记录，其险、其艰、其难、其困、其苦，是常人难以想象的。我曾多次入藏，对在高寒环境下开展实地调研的艰辛有切身感受。杨丹教授作为第八批援藏干部和财经领域的专家学者，秉承经世济民之情怀，怀揣孜孜以求之精神，将学者的研究热情、担当风范带到了高原，始终践行智力援藏的理想，瞄准藏区重大战略需求，紧扣民生这一重大研究领域，带领研究团队完成如此大规模的"田野调查"，其精神令人十分感动。杨丹教授及其团队扎根雪域高原，矢志艰苦奋斗，用思想、用行动、用成果，诠释了新一代学者的精神风貌，为"老西藏精神"注入了新内涵。

拉萨作为西藏首府，虽然占地不足西藏国土面积的百分之三，却拥有西藏三分之一的人口。可以说，拉萨的民生发展在一定程度上代表了西藏的民生发展。此次出版的《拉萨农牧区民生发展调查报告（2018）》，是继《拉萨市民生发展调查报告（2017）》后西藏民生研究的又一力作，既反映了拉萨市农牧区一年来的变化，更是把文章写在中国大地上的又一次生动实践。我相信，随着调研的持续进行和数据的不断积累，本项研究的学术价值与决策参考价值也将逐步显现出来，并将为社会了解西藏民生状况提供翔实素材，为学者研究西藏民生问题提供重要参考，为政府部门精准施策提供科学依据。

王一鸣

研究员、博士生导师

中国国际经济交流中心副理事长

国务院发展研究中心原副主任

第十三届全国政协委员

2020 年 11 月

目　录

第一章

拉萨市农牧区民生发展调查研究概述

　　党的十八大以来，习近平总书记多次发表重要论述，阐明"民生观"，指出一切工作的出发点、落脚点都是让人民过上好日子。保障和改善民生是一项长期工作，没有终点站，只有连续不断的新起点；提出当前和今后一段时期民生工作的着力点是将广大人民群众凝聚到追求幸福中国的目标上来。习近平总书记的"民生观"涵盖了医疗、教育、就业、住房、养老等关乎老百姓生活的各个方面，深刻阐述了解决民生问题的重要性和长期性，也是以习近平同志为核心的党中央高度的政治清醒和坚决责任担当的体现。

　　习近平总书记多次强调，调查研究是谋事之基、成事之道。拉萨市农牧区民生发展调查，短期目标是深入农牧区入户调查获取一手数据，为了解拉萨市农牧区民生实情，发现民生持续改善的症结，并提供破解难题的实招硬招；终极目标是让世界了解西藏，让西藏认识自己。"一语不能践，万卷徒空虚。"本调查报告有事实分析，有解决问题的思路和举措，目的是确保调查成果转化为解决问题的实际行动。

第一节　拉萨市农牧区概况

西藏自治区绝大部分为农牧区，2017 年年末，城镇人口 104.14 万人，占总人口的 30.9%；乡村人口 233 万人，占总人口的 69.1%。拉萨市是西藏自治区首府，聚集了自治区六分之一的人口，且地理环境条件差异较大，基本能够代表西藏自治区全域经济社会的建设发展情况。拉萨市现辖城关区、堆龙德庆区、达孜区、当雄县、尼木县、曲水县、墨竹工卡县、林周县 8 个区县，辖区总面积达 2.96 万平方千米，平均海拔达 3658 米。位于拉萨市北部的当雄全县以及堆龙德庆区、尼木县、墨竹工卡县等地的部分乡镇属于或者连接藏北草原南沿，水草丰美，牧业兴旺，盛产牛羊肉类、酥油和牛绒、羊毛；中部是著名的拉萨河谷，南部属雅鲁藏布江中游，为西藏较好的农业区之一，盛产青稞、小麦、油菜籽和豆类，"拉萨一号"蚕豆更是饮誉中外的良种。拉萨市矿物资源，共发现 50 余种矿产，矿点 170 多处，主要包括铜、锌、银、煤、铁、金、锡、铝、泥炭、刚玉、石膏、自然硫、石灰石、火山灰、花岗石、重晶石、汉白玉、高龄土、大理石等，其中刚玉储量居全国第一位，自然硫储量居全国第三位。

由于拉萨市各区县的自然地理条件、资源状况、历史背景、区位环境、开放程度、交通发展水平和文化科技发展水平以及人们思想意识等多方面的异质性，各区县的经济呈现出不同的发展水平，形成不同的发展类型。

第二节　拉萨市农牧区民生发展调查项目概述

本项目立足于经济学学科基础，有针对性地开展环境科学、医学、生物学、社会学、宗教哲学以及藏学等多领域多学科的交叉研究，对人类（藏族）在高寒缺氧极端恶劣环境下的适应性生存与发展开展全方位的专题研究。

本项目是在拉萨市政府指导与支持下，由西藏大学联合西南财经大学等高校与研究机构共同开展完成。继 2017 年初拉萨市农牧区民生第一次调查后，2018 年 7 月进行了跟踪调查，未来该项调查还将继续，旨在真实地记录拉萨市农牧区民生的动态变化过程。

一、研究背景与意义

党的十八大以来，习近平总书记始终把人民放在心中最高位置，风雨兼程、访贫问苦，从黄土高坡到青藏高原、从太行山区到乌蒙山区、从"贫瘠甲天下"的甘肃定西到"隔山走一天"的四川大凉山，足迹遍布大江南北，遍布全国 14 个集中连片特困地区，听民声、察民情、思对策，身体力行、率先垂范，践行了人民至上的价值理念。

地理、人文环境的异质性决定国际、国内其他地区的成功经验在西藏不可复制，西藏地广人稀，调研难度与风险极大，相关研究团队及系列成果还很薄弱。本项目坚持以问题为导向，基于跨学科研究视野、立足西藏实际情况，深入拉萨市农牧区入户调查，用脚丈量这片土地，用文字记录民生实况，为相关研究提供事实依据，为相关政策的制定提供决策参考。

（一）社会意义

西藏是重要的国家安全屏障、重要的生态安全屏障、重要的战略资源储备基地。西藏的稳定关系国家的稳定，西藏的安全关系国家的安全，习近平总书记提出的"治国必治边、治边先稳藏"重要论述，深刻阐明了西藏社会稳定的特殊重要性。只有加快发展，改善民生，凝聚民心，汇聚民力，引导各族群众思稳定、求发展、促和谐，才能把西藏各族人民的心紧紧凝聚在一起，在开展与十四世达赖集团的反分裂斗争、维护民族团结和国家统一、维护社会稳定和国家安全等重大政治原则问题上，始终做到旗帜鲜明、立场坚定。才能团结带领西藏各族人民坚定不移走具有中国特色、西藏特点的发展道路，为全面建成小康社会、实现中华民族伟大复兴的中国梦而奋斗。

（二）实践意义

作为边疆民族地区，西藏民生改善成效显著。然而，西藏当前社会矛盾的主要根源仍然是民生问题，加快推进以改善民生为重点的社会建设，依然是西藏发展最具共识的领域。本项目拟在 2017 年拉萨市农牧区入户调研基础上，继续年度入户跟踪调研，获取数据，建设西藏民生问题研究的数据库平台。这既能作为研究民生改善政策的依据，也能作为西藏社会经济发展动态监测的依据，填补西藏经济问题研究缺乏微观数据库的空白。

（三）政策意义

改善民生是政府一切工作的出发点和落脚点。首先，发展的根本目的是改善民生，根据西藏民生满意度主观评价指标体系，对 2017 年拉萨市农牧区民生满意度进行测量和分析，对拉萨市不同区域、不同条件的农牧民民生保障与改善效果进行直接把握和评估。其次，客观的居民日常生活情况也是把握拉萨市农牧区民生状况的重要素材，本项目分别从居民生活、公共服务、公共安全和生态文明四个维度，对 2017 年拉萨市农牧区民生满意度进行描述性分析。再次，民生所包含的各维度并非孤立的，影响居民日常生活各方面的因素可能相互影响，对拉萨市农牧区民生状况的把握也须有关联分析的视角。本项目将从民生所包含的居民生活、公共服务、公共安全和生态文明四个维度入手，分析 2017 年拉萨市农牧区民生各维度之间可能存在的关联情况。最后，为进一步优化民生投资、提高投资效率以更好地促进民生持续改善，研究将从健康、金融、牦牛与旅游业四个方面进行专题分析，为西藏民生发展决策指明方向，为我国其他少数民族地区民生发展提供可借鉴的西藏方案。

二、2018 年和 2017 年两次拉萨市农牧区民生调查的比较

2018 年进一步完善了 2017 年的预设目标。即，一是构建既符合通用民生指标体系，又具有西藏特点的指标体系；二是进行科学深度访谈、科学抽样和入户调查，对民生诉求点与关切点进行动态调整研究，进一步推进西藏民生研究科学化进程；三是力争为民生改善政策的制定提供事实依据与决策参考。

2018 年拉萨市农牧区民生调查与 2017 年拉萨市农牧区民生调查的比较：

一是样本的追踪与新增，追踪样本 668 户，新增 24 户。

二是研究主题的继承与创新。2017 年的调查专题为农牧区民生状况基本分析、农牧区民生状况深度分析、隔离度与生活满意度分析、健康与饮用水安全分析、普惠金融以及牦牛专题 6 个内容的调查分析。针对 2018 年调查中发现的新问题，以及百姓关注的民生领域的焦点与痛点，我们的研究专题做了一些调整。例如，保留了健康、牦牛、普惠金融专题，增加了旅游专题，这也是我们持续调查的特色与创新，有保留专题，也会有民生领域新话题的植入，有创新有继承，以期全面系统科学认识西藏民生的动态发展变化。

第三节　拉萨市农牧区民生调查概述

一、调查设计

首先，民生概念具有抽象性、概括性、综合性的特征，具体到微观层面的个人家庭，甚至还可能带有主观性的特性。作为严谨、客观、科学的研究项目，在研究设计阶段就需要把民生概念的内涵予以合理地细化与解构，形成具体化、指标化的可观测可描述的量化指标体系。此类指标体系研究通行的做法是构建树权形指标层级关系，将抽象的待研究

目标作为树权的顶端，而各类可观测的具体指标置于树权的末梢，树权结构可以多层，层层递进，相邻两层之间常见的是以加权和的形式来建立联系。根据国务院发展研究中心"中国民生指数研究"课题组（2015）的框架，本项目搭建起一套四个层级的西藏民生满意度主观指标体系①，如表1–1所示。

表 1–1　西藏民生满意度主观评价指标体系

	二级指标	三级指标	四级指标
总体民生满意度	居民生活（25%）	收入（25%）	您对您家今年的收入状况是否感到满意
		消费（25%）	今年的总消费与去年相比的变化
			今年的总消费支出（货币支出）与去年相比的变化
			对您家目前主要使用的能源方式感觉
			对目前电网的用电稳定性感觉
		就业（25%）	您对自己目前的工作状态是否感到满意
		居住（25%）	对目前的房屋居住状况感觉
	公共服务（35%）	教育（20%）	对目前政府提供的义务教育感觉
		医疗（20%）	对目前本村/镇卫生所或医院提供的医疗服务感觉
			对目前县医院提供的医疗服务感觉
		社会保障（25%）	对目前政府提供的社会养老保障感觉
			对今年从政府获得的各种补贴感觉
		社会服务（20%）	对目前乡/县政府的行政办事效率感觉
			对目前乡/县政府的行政办事态度感觉
		交通（15%）	对目前出行可选择的公共汽车的方便程度感觉
			对目前本村/乡镇的道路状况感觉
	公共安全（20%）	公共安全（40%）	对目前在自然灾害发生后政府采取（或预计可能采取）的措施感觉
		生产安全（20%）	对目前在生产安全事故发生后政府采取（或预计可能采取）的措施感觉
			对政府在牲畜传染病防治方面采取（或预计可能采取）的措施感觉

① 杨丹等（2017）结合西藏农牧区本地化特征设计民生主观满意度指标体系，包括居民生活、公共服务、公共安全和生态文明四个维度，16个抽象指标、26个可观测事实指标。

续表

	二级指标	三级指标	四级指标
总体民生满意度	公共安全（20%）	卫生安全（20%）	对政府在人传染病防治方面采取（或预计可能采取）的措施感觉
		质量安全（20%）	对目前身边可购买的食品在食品安全方面感觉
	生态文明（20%）	垃圾处理（30%）	对您家目前日常的垃圾处理感觉
		水质达标（40%）	对您家目前饮用水的水质感觉
		农村环境（30%）	对目前您家周边的环境状况感觉

四级指标值通过问卷中的问题得到，回答选项均为"满意"、"一般"和"不满意"，分别对应计分 100 分、50 分和 0 分。一、二、三级指标为民生满意度指标体系中的高级综合指标，为了方便对分析结论的理解，将各高级综合指标得分所处的空间 [0，100] 分为五个区段，然后由高至低以五档满意度来标识，具体如表 1–2 所示。

表 1–2　民生满意度指标计分准则

一、二、三级指标的计分准则	
非常满意	（87.5，100］
比较满意	（62.5，87.5］
一般	（37.5，62.5］
比较不满意	（12.5，37.5］
非常不满意	［0，12.5］
四级指标的计分准则	
满意	100
一般	50
不满意	0

其次，考虑调查问卷的信息效率，影响信息效率的关键因素是问卷的本土化或本地化。一份信息效率高的问卷是能够在有限的访谈询问时间内获取较多的真实目标信息，或者对于给定需要询问采集的信息所花费的时间较短。显然，向一名居住在高海拔地区的纯游牧居民家庭提问关于农业种植方面的问题是不能获得任何有效信息的。标准化问卷所承

载的内容，需要与受访对象的实际情况紧密贴合才能较为有效地获取信息。对于人群覆盖面较广且特征较为分散的大型调研，问卷设计就需要涵盖足够多的细节以契合不同特征人的实际情况。农牧民所生存、生活的地理环境条件极其独特，依此形成的生活模式也就非常独特，再加上极端环境和语言文化差异所造成的与外界交流成本过高，使得西藏农牧民至今都延续着较为传统的生产生活方式。即使是自治区内不同地区之间的居民，由于较大的海拔落差与降雨条件，所带来的生产生活内容差异也非常明显。因此，在藏区进行入户调查所使用的问卷在本地化与本土化方面的工作就显得尤为重要。

此外，本项目更大的目标方向是将基于微观个人和家庭信息的民生发展研究扩展到全藏区，甚至是环喜马拉雅地区，乃至世界第三极地区。因此，研究设计将本着具有良好地域扩展性和跨地域对比性的原则来搭建整体框架，在坚持局部地区（拉萨市）研究和积累稳步推进的基础上，积极进行扩展性研究。

二、调查样本

本次调查覆盖全拉萨市所辖七个县区（包括堆龙德庆区、墨竹工卡县、林周县、尼木县、当雄县、曲水县、达孜区，城关区除外）的 63 个村，追踪了 2017 年的 61 个村，另从剩余 152 个村中随机抽取 2 个村，每个村的入样受访户为 12 户（实际操作中由于道路不通、城镇化与移民搬迁等原因，有些村不够 12 户），入户访问的有效样本为 692 户。

（一）样本人口抽样状况

关于家庭样本的选取以及家庭成员的界定：一是全部有效家庭样本都是通过两阶段随机抽样获取的，第一阶段按拉萨市各县区人口比重随机抽取样本村，第二阶段再从已抽取的样本村全体户籍列表中以户主为对象随机抽取样本家庭；二是家庭成员的界定是以经济关系为判断依据（注意：不是以户籍家庭成员为判断依据），所有与户主本人构成共同家庭经济关系①的个人均被看作是同一个家庭内的成员，无论其户籍与随机抽取的户主是否在同一个家庭户籍内。从抽样设计的角度来看，研究所选取的样本对总体人群的代表性是可以得到肯定的，以 2010 年西藏自治区人口普查中拉萨市常住人口为总体样本信息，本次拉萨市农牧区入户调查的有效抽样人口约占总人口的 1.0%，与国家统计局非普查年的"小普查"②抽样比例基本相同。

（二）样本人口统计学基本特征

总体受访人群③性别比例为女性 52%，男性 48%，如图 1-1 所示，农牧区人口性别的特征我们在后面还将更进一步进行分析说明。

结合性别结构，本次入户调研的样本人口中女性占比要显著地高于2010 年普查时女性人口比例。

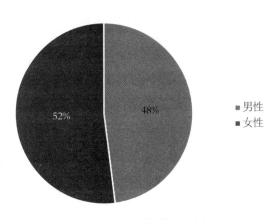

图 1-1 样本户性别比例

---

① 共同家庭经济关系可以理解为共收入、共消费、共担风险的家庭经济关系。

② 国务院 2010 年颁布的《全国人口普查条例》明确规定，人口普查每 10 年进行一次，尾数逢 0 的年份为普查年度。我国作为世界上人口最多的国家，经济发展速度快，社会流动规模大，经过 10 年的发展，人口结构必然会发生很大的变化，所以又建立了在两次全国人口普查之间的 1%人口抽样调查制度，又称为"小普查"，最近的一次小普查是在 2015 年。

③ 总体受访人群是指包括所有有效样本家庭的全部家庭成员的总和。

（三）样本家庭基本特征

一个社会的家庭人口规模是与传统生产内容、生产方式、宗教信仰及自然环境条件等多方面因素相适应的，同时还与社会养老保障与医疗保障模式等制度相关联（例如汉族传统的"养儿防老"模式）。而在一个快速发展转型的社会，传统地区的家庭规模还可能受到受教育程度、受教育渠道及人口迁移等方面因素的影响。基于此，我们入户调查数据所形成的研究中，家庭的概念是遵循我们以经济关系界定的边界。

调研有效样本 692 户家庭，平均的家庭规模为 5.1 个人，相当于 2017 年调查数据家庭规模的 1.3 倍。

三、调查问卷

问卷的设计主要参考了国务院发展研究中心 2015 年关于民生问题的研究和西南财经大学关于全国中心城市民生满意度调查研究，同时结合拉萨本地独特的社会经济情况。作为跟踪调研，2018 年的问卷相比 2017 的问卷做了许多改进，2018 年的问卷主要从以下八个方面来描述受访农牧民家庭的客观民生现实与主观民生感受：居民生活、公共服务部、公共安全、生态文明、健康与饮用水、金融、个体心态、旅游部分。这八个部分的信息最终组成了一个有机整体，力图较为全面和完整地反映涉及农牧民家庭生活幸福层面的信息。另外，再加上针对受访家庭与受访对象个人的内容，形成九个针对受访家庭和个人的问卷部分。同时还设计了一个反映抽样村公共信息的村级问卷。问卷由 227 个问题组成（后期的接续调研还将不断进行调整更新），其中涉及满意度的指标有 33 个。

四、调查实施

本项目实施的各个环节中，最难且最重要的一环就是实地入户访谈进行真实数据的采集，这个过程中需要调动的人力、物力以及软硬件的支持非常巨大。类似这样的研究工作在内地已经非常成熟地开展了近15 年①，并不是因为众多研究者和研究机构有意地忽略西藏，而的确是因为在西藏农牧区开展此类调研工作的难度过于巨大。

　　在西藏农牧区开展调研相比内地会面临额外的三重困难：第一重，交通与地理环境的困难，西藏 320 万人口居住在约 120 万平方千米的地区，聚居少，散居多，尤其是牧区，还有夏季牧场和冬季牧场的区分，没有内地较为方便通达的公共交通工具可选，且出行过程中周边环境的生活资源匮乏②，交通工具的选择只能租用越野车，很多农牧民家庭所在地甚至不通路③。因此，出访过程中有大量的时间都需要消耗在路途上，高海拔地区的天气多变，本次出访过程中访员在路途上碰上雨雪、塌方、水淹等是非常常见的。第二重，语言文化困难，在西藏农牧区生活的居民汉语能力较差，入户访谈必须使用藏语，因此出访队伍标准人员结构是一个访员配备一名藏语翻译④，这造成出访队伍较为庞大，而通过翻译来沟通的面访过程与内地入户访问相比访问任务完成的效率要低一些⑤。由于藏区地域辽阔且地形多变，导致西藏自治区内各地区之间也存在有藏语"方言"的问题，藏语翻译与受访对象使用的如果不是同一种藏语方言，也会给访问过程带来极大的困难，甚至可能完全无法进行。第三重，生理适应困难，本次拉萨市农牧区随机抽样的家庭所处海拔最低为 3454 米，最高达到 4976 米，即使是藏族老师或翻译人员，

---

　　①　国内最为成熟的覆盖全国的几个追踪入户调研数据均未将西藏纳入样本选取框内。

　　②　在偏远农牧地区解决出访队员的食宿问题是很有挑战性的。

　　③　本次在拉萨市周边七县区出访，我们队员都碰到过随机抽样的入样户家庭所在地与村委会之间完全没有道路的情况，连越野车也无法通过，只能选择骑马才能通达。

　　④　本次入户，访员队伍的基本构成是西藏大学的老师，大多数都是汉族老师，因此需要配备翻译，翻译是聘请藏族学生来解决的。同时，入户访问的规则是一个入户小组必须由两名队员构成，因此，即使是藏族老师入户访问，我们也配备翻译，或者是一藏一汉两名老师的搭配。

　　⑤　一次入户访问，用时更长，获得的信息量更少。

在经历超过 1000 米以上的海拔爬升到达受访户家庭以后，身体都要承受巨大的压力，还需要在高海拔的地方坚持完成入户访谈工作的任务。

从首次派出入户访问队伍（预调查）到入户调研完成用时 30 天，行程累计超过 6 万余千米。整个入户调查阶段由项目前期调查、项目预调查以及正式调查三个阶段组成。

本次调查是 2017 年拉萨市农牧区调查的追踪入户调查，因此，整个调查过程项目团队总结了 2017 年调查的不足并予以改进，为以后农牧区的发展提供了可靠的数据。

第四节　本书内容体系

民生是民心所系，国之根本，执政之要。改善民生、凝聚人心是西藏经济社会发展的出发点和落脚点。西藏农牧区的民生情况怎样、如何科学评价、未来改善方向是什么等问题都缺乏科学细致的研究。本书是西藏农牧区民生发展大型入户调查的阶段成果，力争较为全面和翔实地展现拉萨市农牧区民生满意度的差异及形成原因。报告以综合分析模块与专题分析模块相结合的方式，兼具研究广度与深度，为西藏民生政策制定和评估提供了科学依据。

本书内容主要包括两部分：第一部分为第二章至第四章，主要描述分析拉萨市农牧区民生满意度、民生基本情况和关联情况；第二部分为第五章至第九章，主要进行拉萨市农牧区民生发展专题分析，包括健康、金融、牦牛与旅游，对其做了科学、真实、客观的统计分析。

第二章

拉萨市农牧区民生满意度分析

发展的根本目的是改善民生，通过调查和分析拉萨市民生满意度情况，可以对拉萨市农牧区发展及民生保障与改善的效果进行直接把握和评估。本章根据西藏民生满意度主观评价指标体系（表 1–1），使用2018 年拉萨市农牧区民生发展调查数据，对拉萨市农牧区民生满意度进行测量和分析，其中民生满意度计分准则见表 1–2。

第一节 总体民生满意度

首先，从民生满意度一、二、三级指标的评分来分析拉萨市农牧民对民生整体状况的满意情况；其次，从异质性的视角，如家庭生产方式、海拔高度、地区和家庭成员有无村干部的满意度评分对比分析。

表 2–1 展示了根据民生满意度评价指标体系，综合 692 户受访个案的具体回答而得到民生满意度一、二、三级指标的具体得分描述统计结果。其中样本量是指计算该指标所涉及的有效个案的数量，由于个别指标的有效样本中有较多缺失值，影响高级综合指标的分析，这里采用平均值法进行插值处理补全样本，以此在指标综合度更高的情况下尽可能地增大有效样本规模。

从结果来看，此次调查拉萨市总体民生满意度指标的有效样本规模是 445 个，满意度得分为 90.98 分，位于"非常满意"得分区间(87.5，100] 内，因此，拉萨市七县区农牧民 2018 年总体民生满意度水平较高。

表 2-1 民生满意度一、二、三级指标描述性统计

指标级别	指标	样本量	均值	标准差	变异系数	最小值	最大值
一级指标	民生满意度	445	90.98	7.99	0.09	57.74	100
二级指标	居民生活	618	80.59	17.44	0.22	15.63	100
三级指标	收入	692	76.23	30.35	0.40	0	100
	消费	661	87.12	14.09	0.16	25	100
	就业	645	84.34	26.63	0.32	0	100
	居住	690	74.20	35.96	0.48	0	100
二级指标	公共服务	537	94.29	8.33	0.09	58.75	100
三级指标	教育	648	98.77	7.77	0.08	50	100
	医疗	587	94.21	14.91	0.16	0	100
	社会保障	692	93.55	15.06	0.16	49.44	100
	社会服务	637	92.31	18.80	0.20	0	100
	交通	692	86.04	19.92	0.23	0	100
二级指标	公共安全	605	91.91	8.11	0.09	39.64	100
三级指标	公共安全	692	88.36	12.34	0.14	0	100
	生产安全	605	95.89	11.11	0.12	0	100
	卫生安全	692	98.20	9.18	0.09	0	100
	质量安全	692	85.77	26.28	0.31	0	100
二级指标	生态文明	663	92.96	14.79	0.16	30	100
三级指标	垃圾处理	692	94.22	20.02	0.21	0	100
	水质达标	663	90.65	29.14	0.32	0	100
	农村环境	692	94.15	17.79	0.19	0	100

考虑到对总体民生满意度指标及各分级指标主要是用均值来进行讨论分析，因此，有必要通过指标变异系数来判断基于均值的样本总体分析是否科学合理。从表2-1来看，多数指标的变异系数小于0.3或略高于0.3，等于或超过0.4的仅有收入和居住，因此，可认为在此变异系数范围内进行基于均值的样本总体分析具有一定合理性。

一、分家庭生产方式的总体民生满意度状况

根据家庭主要生产方式的不同，样本家庭被划分为纯农、纯牧、半农半牧和非农非牧四种类型。从表2-2和图2-1来看，四类家庭的总体民生满意度评分均落在"非常满意"范围，且极差较小（4.80分）。除纯牧家庭以88.07分居于总体平均水平（90.98分）之下，其他各类家庭评分均达到平均水平之上，其中以非农非牧家庭得分最高（92.87分）。

表2-2　分家庭生产方式的总体民生满意度评分

	总体民生满意度	
	样本数	评分
全体样本	445	90.98
纯农	232	91.76
纯牧	104	88.07
半农半牧	51	91.21
非农非牧	58	92.87
极差	—	4.80

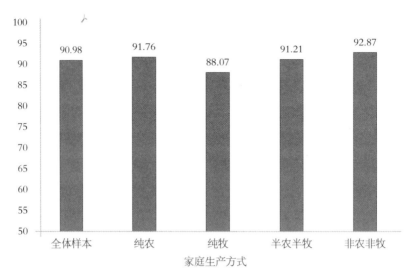

图 2-1 分家庭生产方式的总体民生满意度评分

二、分海拔高度的总体民生满意度状况

由于拉萨市总体海拔较高，但不同海拔高度下当地居民生产生活状况可能存在不小差异。根据样本村村委会海拔的整体情况，将受访户海拔划分为 4000 米以下、4000—4500 米、4500 米以上三个等级，考察分海拔高度的总体民生满意度评分。从表 2-3 和图 2-2 来看，拉萨市农牧民总体民生满意度评分在由低到高三类海拔层次上依次递减，但极差不超过 4 分，且均达到"非常满意"水平。

表 2-3 分海拔高度的总体民生满意度评分

	总体民生满意度	
	样本量	评分
全体样本	445	90.98
＜ 4000 米	307	91.52
4000—4500 米	107	90.27
＞ 4500 米	31	88.11
极差	—	3.41

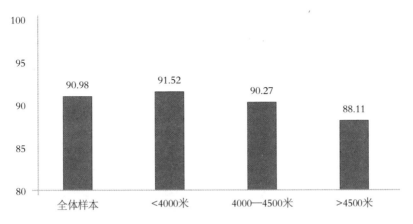

图 2-2　分海拔高度的总体民生满意度评分

三、分地区的总体民生满意度评分

七县区按总体满意度评分由高到低排序分别是墨竹工卡县、林周县、尼木县、堆龙德庆区、达孜区、曲水县、当雄县，如表 2-4 和图 2-3 所示，评分分别为 93.76 分、91.87 分、91.00 分、90.73 分、90.35 分、89.92 分、88.07 分，均达到"非常满意"水平，极差为 5.69 分。其中，墨竹工卡县、林周县、尼木县的总体满意度评分高于拉萨市农牧区总体满意度评分，堆龙德庆区、达孜区、曲水县、当雄县则低于平均水平。评分最低的当雄县地处拉萨市海拔最高的西北部地区（有效样本的平均海拔为 4439 米），离拉萨市城关区最远，自然地理条件较差，这是其总体民生满意度评分较低的合理解释之一。

表 2-4　分地区的总体民生满意度评分

	总体民生满意度	
	样本量	评分
全体样本	445	90.98
堆龙德庆区	64	90.73
墨竹工卡县	75	93.76
尼木县	47	91.00

续表

	总体民生满意度	
	样本量	评分
当雄县	68	88.07
曲水县	54	89.92
林周县	78	91.87
达孜区	49	90.35
极差	—	5.69

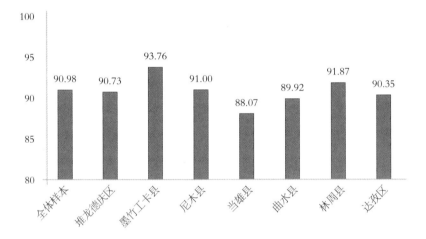

图 2-3 分地区的总体民生满意度评分

四、分家庭成员有无村干部的总体民生满意度评分

从表 2-5 和图 2-4 来看，调研样本家庭的总体民生满意度评分并没有在家庭成员有无村干部的两类家庭之间产生明显分差（0.93 分），有村干部的家庭评分略高，且二者均处于"非常满意"水平。

表 2-5　分家庭成员有无村干部的总体民生满意度评分

	总体民生满意度	
	样本量	评分
全体样本	445	90.98
家庭成员有村干部	59	91.79
家庭成员无村干部	386	90.86
极差	—	0.93

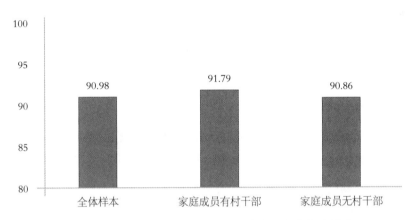

图 2-4　分家庭成员有无村干部的总体民生满意度评分

第二节　二级指标满意度状况

在总体民生满意度下分设居民生活、公共服务、公共安全和生态文明四个二级指标。如表 2-6 和图 2-5 所示，各维度评分从高到低依次是公共服务、生态文明、公共安全和居民生活。其中，公共服务、公共安全和生态文明评分均高于总体民生满意度评分，处于"非常满意"水平，而居民生活则以 80.59 分排名最后，不仅低于总体民生满意度和其他三项二级指标的评分，且只处于"比较满意"水平。公共服务和居民生活满意度的评分之差达 13.70 分，可见居民生活和其他维度民生满意度之间仍存在较大差距，民生各维度均衡发展仍有待加强。

表 2-6　各二级指标总体满意度评分

	样本量	评分
总体民生	445	90.98
居民生活	618	80.59
公共服务	537	94.29
公共安全	605	91.91
生态文明	663	92.96
极差	—	13.70

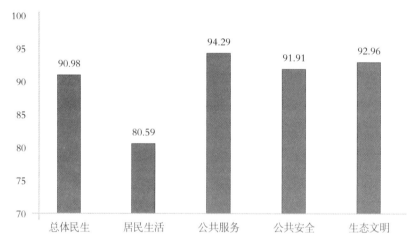

图 2-5　各二级指标总体满意度评分

一、分家庭生产方式的二级指标满意度评分

从分家庭生产方式的二级指标满意度评分来看，如表 2-7 和图 2-6 所示，在居民生活满意度评分中，得分从高到低的家庭分别是半农半牧、非农非牧、纯农、纯牧家庭，均处于"比较满意"水平。其中，只有纯牧生产方式的家庭满意度得分低于平均水平，且与最高得分的半农半牧家庭之间相差 6.90 分；在公共服务满意度评分中，四类生产方式的家庭均达到平均水平左右的得分，且极差非常小，由此可见，

总体民生满意度在公共服务方面不仅达到了较高水平，且几乎不存在家庭生产方式类型下的差异，发展较为均衡；在公共安全满意度方面，满意度得分从高到低依次是纯农、半农半牧、非农非牧和纯牧家庭，极差依然较小（1.79 分），除纯农家庭得分高于平均水平之外，其余各类家庭得分均略低于总体平均水平；在生态文明满意度评分中，半农半牧家庭得分最高，纯农家庭和非农非牧家庭次之，得分最低依然是纯牧家庭，极差为 2.56 分。除纯牧家庭外，其他三类家庭评分均达平均水平以上。此外，无论是哪一类生产方式下的家庭，居民生活满意度评分均为最低，公共服务满意度评分均为最高，这一点与总样本所得结论一致。纯牧家庭内各二级指标评分差异最大（17.78 分），非农非牧家庭则最小（11.11 分）。

总体而言，分家庭生产方式的二级指标满意度评分呈现出以下特点：第一，各类家庭中居民生活得分均较低，且与其他三类指标得分差距较大；第二，纯牧家庭各项指标得分均较低，且内部各指标分差最大；第三，除居民生活评分为比较满意水平，其他指标各类家庭得分均达到非常满意水平，且差距较小。

表 2-7　分家庭生产方式的二级指标满意度评分

	居民生活		公共服务		公共安全		生态文明	
	样本量	评分	样本量	评分	样本量	评分	样本量	评分
全体样本	618	80.59	537	94.29	605	91.91	663	92.96
纯农	315	81.25	278	94.77	308	92.56	335	93.43
纯牧	146	76.43	126	94.21	137	90.77	149	91.24
半农半牧	69	83.33	56	94.59	70	91.72	71	93.80
非农非牧	88	83.03	77	94.14	90	91.57	108	93.29
极差	—	6.90	—	0.63	—	1.79	—	2.56

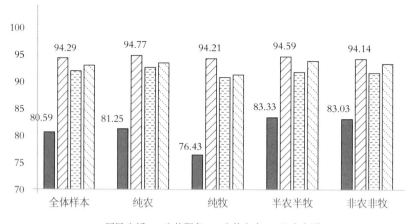

图 2-6 分家庭生产方式的二级指标满意度评分

二、分海拔高度的二级指标满意度评分

从分海拔高度的二级指标满意度评分来看，如表 2-8 和图 2-7 所示，居民生活和公共服务满意度评分均是依海拔高度增加而递减，前者均处于"比较满意"水平且极差为 3.23 分，后者均处于"非常满意"水平且极差为 2.35 分；在公共安全方面，满意度评分极差只有 0.81 分，可见这一指标评分几乎不存在海拔高度的差异，且均处于"非常满意"水平；生态文明满意度评分的极差则更小（0.37 分），同样也均达到"非常满意"水平。海拔在 4000 米以下和 4000—4500 米高度的家庭，二级指标满意度评分由高到低依次是公共服务、生态文明、公共安全和居民生活，极差在 13—14 之间；海拔在 4500 米以上高度的家庭，二级指标满意度评分由高到低依次是生态文明、公共服务、公共安全和居民生活，极差为 15.44。

总体而言，二级指标满意度评分的海拔高度差异较小，整体评分较低的居民生活方面又尤其应重视高海拔地区家庭；此外，各海拔高度家庭内部的指标评分仍存在一定程度的差距。

表 2-8　分海拔高度的二级指标满意度评分

海拔高度	居民生活		公共服务		公共安全		生态文明	
	样本量	评分	样本量	评分	样本量	评分	样本量	评分
全体样本	618	80.59	537	94.29	605	91.91	663	92.96
< 4000 米	419	81.09	365	94.60	402	92.16	451	92.93
4000—4500 米	152	80.08	132	94.07	153	91.35	162	92.93
> 4500 米	47	77.86	40	92.25	50	91.63	50	93.30
极差	—	3.23	—	2.35	—	0.81	—	0.37

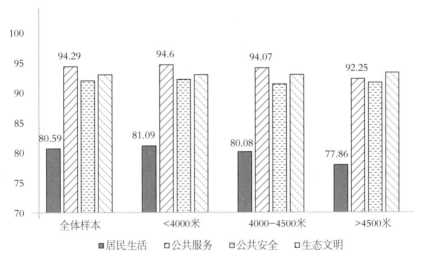

图 2-7　分海拔高度的二级指标满意度评分

三、分地区的二级指标满意度状况

从分地区的二级指标满意度评分来看，如表 2-9 和图 2-8 所示，在居民生活满意度评分中，得分从高到低的地区分别是墨竹工卡县、林周县、尼木县、曲水县、堆龙德庆区、达孜区和当雄县，七县区均处于"比较满意"水平。其中，墨竹工卡县、林周县、尼木县评分超过平均水平，极差达到 12.19 分；在公共服务满意度评分中，评分最高的墨竹工卡县和最低的曲水县相差仅 3.48 分，墨竹工卡县、尼木县和达孜区评分超过平均水平，七县区均达到"非常满意"水平；在公共安全方面，满意度得分最高和最低依然是墨竹工卡县和曲水县，极差仅为 2.69 分，评分超过平均水平的依然是墨竹工卡县、尼木县和达孜区，七县区均达到"非常满意"水平；在生态文明满意度评分中，评分由高到低依次是：墨竹工卡县、堆龙德庆区、当雄县、林周县、尼木县、达孜区和曲水县，极差为 4.09 分，七县区均处于"非常满意"水平，墨竹工卡县和堆龙德庆区评分超过平均水平。可见，在四项二级指标中，满意度评分最高的均为墨竹工卡县，除居民生活外其他三项指标中评分最低的均为曲水县。公共服务、公共安全和生态文明三项指标不仅整体评分水平较高，且地区差异较小，居民生活指标不仅整体评分较低，而且极差相对较大。

各地区内部的二级指标满意度评分，得分最高和最低的均为公共服务和居民生活，极差最大的是当雄县（18.02 分），最小的是墨竹工卡县（9.24 分）。各地区除居民生活以外的三项指标评分差距较小。

总体而言，居民生活指标不仅需要提高整体满意度评分，也要逐步缩小地区间评分差距；并且，根据各地区内部指标评分的差异，当雄县应予以较多关注。

表 2-9　分地区的二级指标满意度评分

地区	居民生活		公共服务		公共安全		生态文明	
	样本量	评分	样本量	评分	样本量	评分	样本量	评分
全体样本	618	80.59	537	94.29	605	91.91	663	92.96
堆龙德庆区	103	78.82	81	93.66	91	91.44	114	93.16
墨竹工卡县	100	87.28	90	96.52	105	93.27	110	95.55
尼木县	59	81.36	54	95.83	60	92.84	62	92.17
当雄县	94	75.09	85	93.11	93	90.97	98	92.45
曲水县	69	79.12	61	93.04	74	90.48	79	91.46

续表

地区	居民生活		公共服务		公共安全		生态文明	
	样本量	评分	样本量	评分	样本量	评分	样本量	评分
林周县	119	82.43	95	93.37	107	91.60	123	92.24
达孜区	62	77.57	61	94.53	63	93.25	64	91.85
极差	—	12.19	—	3.48	—	2.79	—	4.09

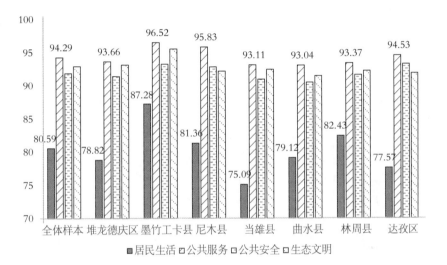

图2-8　分地区的二级指标满意度评分

四、分家庭成员有无村干部的二级指标满意度状况

从表2-10和图2-9来看，包括公共服务、公共安全和生态文明在内的二级指标满意度评分几乎不因家庭成员有无担任村干部而存在差异，且均处于"非常满意"情况，只有在居民生活这项指标下，有村干部家庭的评分高出无村干部家庭5.47分，且两类家庭均处于"比较满意"水平。在两类家庭内部，评分排序与总样本平均水平相一致，由高到低依次是公共服务、生态文明、公共安全、居民生活，无村干部家庭内评分的差异（14.27分）高于有村干部的家庭（9.17分）。

表 2-10　分家庭成员有无村干部的二级指标满意度评分

	居民生活		公共服务		公共安全		生态文明	
	样本量	评分	样本量	评分	样本量	评分	样本量	评分
全体样本	618	80.59	537	94.29	605	91.91	663	92.96
家庭成员有村干部	70	85.45	71	94.62	71	91.06	78	94.17
家庭成员无村干部	548	79.98	466	94.25	534	92.02	585	92.79
极差		5.47		0.37		0.96		1.38

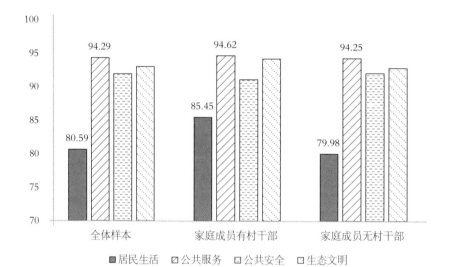

图 2-9　分家庭成员有无村干部的二级指标满意度评分

第三节　三级指标满意度状况

一、居民生活及其三级指标满意度状况

居民生活满意度由收入、消费、就业、居住满意度四个三级指标构成。由表 2-11 来看，评分由高到低依次为消费、就业、居民生活和收入，极差接近 13 分，四者均处于"比较满意"水平。其中，消费

和就业满意度评分高于总体居民生活满意度评分，收入和居住满意度评分则相对较低，因此，提高居民生活满意度须重点关注收入和居住方面。

表 2-11　居民生活满意度及其三级指标评分

	样本量	评分
居民生活	618	80.59
收入	692	76.23
消费	661	87.12
就业	645	84.34
居住	690	74.20
极差	—	12.92

（一）分家庭生产方式的居民生活三级指标满意度状况

从分家庭生产方式的居民生活三级指标满意度评分，如表 2-12 和图 2-10 所示，在收入满意度指标下四类家庭得分均处于"比较满意"水平，其中得分最高的是半农半牧家庭（79.05 分），纯牧家庭得分最低（71.47 分），二者相差 7.58 分。除纯牧家庭外，其他三类家庭的收入满意度得分均超过总样本的平均水平（76.23 分）。在消费满意度指标下，评分由高到低分别是非农非牧家庭（88.31 分）、纯农家庭（87.61 分）、半农半牧家庭（86.46 分）、纯牧家庭（85.45 分），极差为 2.86 分；前两者得分高于总样本的平均水平，且处于"非常满意"水平，后两者则低于总体平均水平并处于"比较满意"水平。在就业满意度指标下，四类家庭评分均处于"比较满意"水平，评分最高的半农半牧家庭（85.92 分）和最低的非农非牧家庭（83.52 分）之间相差 2.4 分，总体来说均接近于平均水平。在居住满意度指标下，评分由高到低依次是非农非牧家庭（80.63 分）、半农半牧家庭（79.73 分）、纯农家庭（75.21 分）和纯牧家庭（64.74 分），极差达到 15.89 分。虽然四者均处"比较满意"水平，但前三类家庭评分均高于平均水平，而纯牧家庭评分则与平均水平存在一定差距。可见，居民生活三级指标中的消费和就业满意度处于相对较高水平，且在不同生产方式的家庭之间差异较小，而收入和居住满意度评分相对较低，且在不同生产方式的家庭之间差异较大，这种发展不平衡尤以"居住满意度"这一指标突出。

各类型家庭内部指标评分方面，纯农家庭在居民生活方面满意度水平最高的是消费，其次是就业、收入、居住，评分极差为12.4分，从各方面来说都与总体平均水平较为相近；纯牧家庭的消费和就业满意度评分几乎一致，收入次之，居住最低，评分极差达20.74分；半农半牧家庭和非农非牧家庭满意度评分最高和最低的均为消费和收入，前者评分极差为7.41分，后者为11.52分。总体而言，在居民生活方面各类型家庭内部指标之间评分差异最大的是纯牧家庭，纯农家庭和非农非牧家庭次之，半农半牧家庭内各指标评分差异最小。

综上可见，分家庭生产方式的居民生活三级指标满意度评分存在以下特点：第一，居民生活中的消费和就业满意度处于相对较高水平，且在不同生产方式的家庭之间差异较小，而收入和居住满意度评分相对较低，且在不同生产方式家庭之间差异较大，尤其是居住；第二，各类家庭内部居民生活三级指标间均存在不同程度（7.41—20.74分）的差异，其中半农半牧家庭内部差异最小，纯牧家庭内部差异最大；第三，纯牧家庭不仅存在较严重的居民生活各指标发展不均的情况，而且除"就业满意度"外，相较其他类型家庭各指标均得分较低，尤其是居住满意度。

表2-12　分家庭生产方式的居民生活三级指标满意度评分

	收入		消费		就业		居住	
	样本量	评分	样本量	评分	样本量	评分	样本量	评分
全体样本	692	76.23	661	87.12	645	84.34	690	74.20
纯农	350	77.57	334	87.61	328	83.69	349	75.21

续表

	收入		消费		就业		居住	
	样本量	评分	样本量	评分	样本量	评分	样本量	评分
纯牧	156	71.47	147	85.45	155	85.48	156	64.74
半农半牧	74	79.05	72	86.46	71	85.92	74	79.73
非农非牧	112	76.79	108	88.31	91	83.52	111	80.63
极差	—	7.58	—	2.16	—	2.40	—	15.89

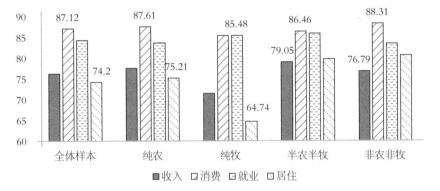

图 2-10　分家庭生产方式的居民生活三级指标满意度评分

（二）分海拔高度的居民生活三级指标满意度状况

从分海拔高度的居民生活三级指标满意度评分来看，如表 2-13 和图 2-11 所示，在收入满意度指标下各海拔高度家庭得分均处于"比较满意"水平，其中得分最高的是居住在海拔 4000—4500 米的家庭（77.49分），得分最低的是居住在海拔大于 4500 米的家庭（74.55 分），二者相差 2.94 分，且只有前者超过总样本平均水平（76.23 分）。在消费满意度方面，评分依海拔高度增加而递减，极差为 2.83 分，居住海拔低于4000 米的家庭（87.83 分）处于"非常满意"水平且评分高于平均水平（87.12 分），其余两类则低于平均水平，处于"比较满意"水平。在就业满意度指标下，只有海拔高度在 4000—4500 米的家庭（88.19 分）评分超过平均水平（84.34 分）并处于"非常满意"水平，与最低得分的海拔 4000 米以下家庭（82.99 分）相差 5.20 分。在居住满意度指标下，海拔低于 4000 米的家庭评分最高（76.62 分），大于 4500 米的家庭次之（70.00 分），最低得分为海拔 4000—4500 米家庭（69.01 分），极差为 7.61 分，三者均处于"比较满意"水平。

再看各海拔高度家庭内部的指标评分。居住在海拔 4000 米以下家庭居民生活方面满意度水平最高的是消费，且处于"非常满意"水平；其次是就业、居住、收入，均处于"比较满意"水平，这类海拔高度家庭的评分极差为 11.86 分，小于平均水平；居住海拔 4000—4500 米的家庭则是就业满意度最高，居住满意度最低，极差为 19.18 分，且只有就业满意度得到"非常满意"水平；居住海拔大于 4500 米家庭满意度评分由高到低依次是消费、就业、收入、居住，极差为 15 分，且均处于"比较满意"水平。

综上可见，分海拔高度的居民生活三级指标满意度评分存在以下特点：第一，分海拔高度家庭的就业和居住满意度评分差异要大于收入和消费满意度评分差异，尤其是居住满意度评分，生活在海拔 4000 米以上居民相较于居住在海拔 4000 米以下的居民，其居住满意度整体较低；第二，各海拔高度家庭内部指标之间评分差异整体较大，由高到低依次是海拔 4000—4500 米的家庭、海拔 4500 米以上家庭、海拔 4000 米以下家庭。

表 2–13 分海拔高度的居民生活三级指标满意度评分

	收入		消费		就业		居住	
	样本量	评分	样本量	评分	样本量	评分	样本量	评分
全体样本	692	76.23	661	87.12	645	84.34	690	74.2
＜4000 米	466	75.97	453	87.83	432	82.99	464	76.62
4000—4500 米	171	77.49	158	85.76	161	88.19	171	69.01
＞4500 米	55	74.55	50	85.00	52	83.66	55	70.00
极差	—	2.94	—	2.83	—	5.20	—	7.61

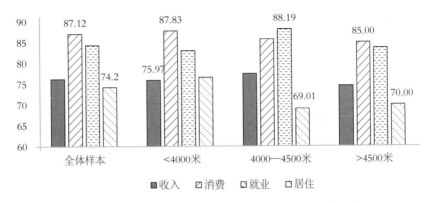

图 2-11　分海拔高度的居民生活三级指标满意度评分

（三）分地区的居民生活三级指标满意度状况

从分地区的居民生活三级指标满意度评分来看，如表 2-14 和图 2-12 所示，七县区收入满意度水平从高到低依次是墨竹工卡县、林周县、尼木县、堆龙德庆区、达孜区、曲水县、当雄县，前三县超过总体平均水平，七县区均处于"比较满意"水平。其中满意程度最高的墨竹工卡县（87.28 分）和最低的当雄县（66.19 分）之间评分相差 21.09 分。在消费满意度方面，评分由高到低依次是堆龙德庆区、尼木县、曲水县、墨竹工卡县、林周县、当雄县、达孜区，前四县区超过总体平均水平，且处于"非常满意"水平，后三县区则处于"比较满意"水平，极差为 11.51 分。七县区就业满意度水平由高到低依次是墨竹工卡县、达孜区、尼木县、林周县、当雄县、堆龙德庆区、曲水县，前四县区超过总体平均水平，其中墨竹工卡县和达孜区达到"非常满意"水平，其他五县区为"比较满意"水平，极差为 15.85 分。在居住满意度方面，评分由高到低依次是墨竹工卡县、曲水县、林周县、堆龙德庆区、达孜区、尼木县、当雄县，七县区均处于"比较满意"水平，其中前三县评分超过总体平均水平，极差为 16.45 分。可以认为，居民生活各三级指标的分地区评分差异整体较大，地区差异由低到高的指标排名依次是消费、就业、居住、收入满意度，值得注意的是在收入和居住满意度两项评分中，当雄县均排名最低，增加了该项的评分极差。

再看各地区内部指标评分。堆龙德庆区、尼木县、当雄县均为消费满意程度最高，居住满意程度最低，三县区评分极差分别为 18.11 分、20.73 分、18.61 分，墨竹工卡县、林周县、达孜区则均为就业满意程度最高，居住满意程度最低，三县区极差分别为 9.85 分、10.25 分、18.64 分，曲水县则是消费满意程度最高，收入满意程度最低，二者评分相差 21.05 分。总的来说，在居民生活方面各地区家庭内部指标之间存在 9.85—21.05 分的评分差异，其中曲水县、尼木县、达孜区、当雄县、堆龙德庆区的指标评分差异均达到 18 分以上，墨竹工卡县和林周县评分差异相对较小。

表 2-14　分地区的居民生活三级指标满意度评分

	收入		消费		就业		居住	
	样本量	评分	样本量	评分	样本量	评分	样本量	评分
全体样本	692	76.23	661	87.12	645	84.34	690	74.20
堆龙德庆区	116	74.14	113	91.81	105	77.62	116	73.70
墨竹工卡县	114	87.28	106	87.97	108	91.20	112	81.69
尼木县	65	79.23	62	90.73	61	86.07	65	70.00
当雄县	105	66.19	96	83.85	102	83.82	105	65.24
曲水县	81	69.14	79	90.19	71	75.35	81	79.01
林周县	129	80.62	127	84.94	120	85.83	129	75.58
达孜区	70	73.57	66	80.30	66	88.64	70	70.00
极差	—	21.09	—	11.51	—	15.85	—	16.45

综上可知，分地区的居民生活三级指标满意度评分存在以下特点：第一，在居民生活方面，各三级指标满意度评分均存在一定地区差异，

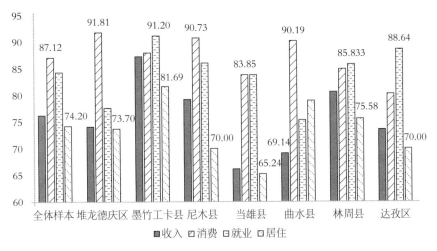

图 2-12　分地区的居民生活三级指标满意度评分

其中收入满意度评分差异最大，消费满意度评分差异最小；第二，当雄县收入和居住满意度评分均排名垫底，整体发展情况欠佳；第三，各地区内指标评分差异现象也较为突出，相对均衡的地区为墨竹工卡县和林周县，其中墨竹工卡县不仅内部指标评分差异相对较小，而且整体发展水平较高。

（四）分家庭成员有无担任村干部的居民生活三级指标满意度状况

从家庭成员有无担任村干部的居民生活三级指标满意度评分来看，如表 2-15 和图 2-13 所示。在收入满意度方面，有家庭成员担任村干部的家庭收入满意度评分（87.50 分）高于没有家庭成员担任村干部的家庭（74.74 分），前者处于"非常满意"水平，后者处于"比较满意"水平。在消费满意度方面，两类家庭均属于"比较满意"水平，评分差距较小，且无村干部的家庭满意度评分（87.24 分）略高于有村干部的家庭（86.16分）。在就业满意度方面，有村干部的家庭以 90.54 分处于"非常满意"水平，与处于"比较满意"水平的无村干部家庭评分差距 7 分。在居住满意度方面，两类家庭评分均属于"比较满意"水平，有村干部家庭的评分比无村干部的家庭高 2.32 分。可以认为，在消费满意度方面不存在家庭成员有无村干部方面较大差别，而其他指标中有村干部的家庭满意度评分则明显较高，其中尤以收入满意度评分差距最大。

再看两类家庭内部的指标评分。有村干部的家庭满意程度最高的是就业，收入、消费和居住次之，极差为14.29分；而无村干部的家庭满意程度最高的是消费，就业、收入、居住次之，极差为13.31分。

表 2-15　分家庭成员有无村干部的居民生活三级指标满意度评分

	收入		消费		就业		居住	
	样本量	评分	样本量	评分	样本量	评分	样本量	评分
全体样本	692	76.23	661	87.12	645	84.34	690	74.20
家庭成员有村干部	80	87.50	75	86.16	74	90.54	80	76.25
家庭成员无村干部	612	74.74	586	87.24	571	83.54	610	73.93
极差	—	12.76	—	1.08	—	7.00	—	2.32

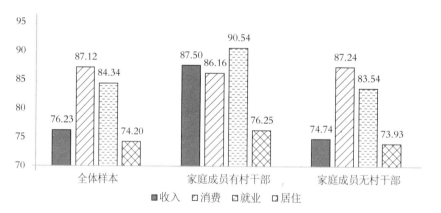

图 2-13　分家庭成员有无村干部的居民生活三级指标满意度评分

综上可知，分家庭成员有无村干部的居民生活三级指标满意度评分存在以下特点：第一，两类家庭在消费满意度方面无较大差别，而在收入、居住和就业指标方面均存在较为明显的差距，以收入满意度评分差异最为突出；第二，两类家庭内部指标评分均存在较大差异，有村干部的家庭指标评分差异略大于无村干部的家庭。

二、公共服务及其三级指标满意度状况

二级指标公共服务满意度评分为 94.29，属于"非常满意"水平，其下设三级指标的满意度评分由高到低依次是教育、医疗、社会保障、社会服务、交通，除交通满意度评分属于"比较满意"外，其余指标均处于"非常满意"水平。教育满意度这项评分超过公共服务总体平均水平，满意度评分最高的教育与评分最低的交通相差 12.73 分，社会服务、社会保障和医疗满意度评分略低于教育，但三者之间分差较小，如表 2-16 和图 2-14 所示。

表 2-16　公共服务及其三级指标满意度评分

	样本量	评分
公共服务	537	94.29
教育	648	98.77
医疗	587	94.21
社会保障	692	93.55
社会服务	637	92.31
交通	692	86.04
极差	—	12.73

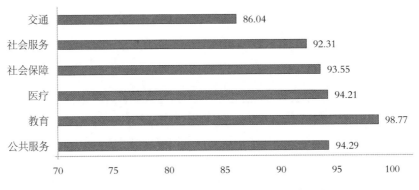

图 2-14　公共服务及其三级指标满意度评分

（一）分家庭生产方式的公共服务三级指标满意度状况

从分家庭生产方式的公共服务三级指标满意度评分来看，如表 2-17 和图 2-15 所示，在教育满意度指标下四类家庭得分均处于"非常满意"水平，在总体平均水平上小幅浮动，其中得分最高的是半农半牧家庭（100 分），表明此次受访的半农半牧家庭均对当地教育非常满意，纯农家庭得分最低（98.32 分），但二者只相差 1.68 分。在医疗满意度指标下，评分由高到低分别是纯农家庭、非农非牧家庭、半农半牧家庭、纯牧家庭，极差为 2.39 分，四者均处于"非常满意"水平，其中纯农家庭满意度评分超过总样本的平均水平。在社会保障满意度指标下，四类家庭评分均处于"非常满意"水平，评分最高的半农半牧家庭和最低的非农非牧家庭之间相差 7 分，除了半农半牧家庭，其他三类家庭的满意度评分相差较小。在社会服务满意度指标下，四者均处于"非常满意"水平，且分差仅为 0.88 分，可以认为四类家庭在社会服务满意度方面无明显差别。在交通满意度方面，除非农非牧家庭评分达到"非常满意"水平，其他三类家庭均处于"比较满意"水平，评分由高到低分别是非农非牧家庭、纯农家庭、纯牧家庭、半农半牧家庭，极差为 7.82 分。

再看各家庭内部的指标评分。四类家庭满意度最高的都是教育，最低的都是交通，其他三项指标居中且评分差异不大。家庭内部各指标间评分差异最大的是半农半牧家庭，极差接近 20 分；评分差异最小的则是非农非牧家庭，极差为 10 分左右。

表 2-17　分家庭生产方式的公共服务三级指标满意度评分

	教育		医疗		社会保障		社会服务		交通	
	样本量	评分	样本量	评分	样本量	评分	样本量	评分	样本量	评分
全体样本	648	98.77	587	94.21	692	93.55	637	92.31	692	86.04
纯农	328	98.32	301	95.09	350	93.48	322	92.16	350	86.66

续表

	教育		医疗		社会保障		社会服务		交通	
	样本量	评分	样本量	评分	样本量	评分	样本量	评分	样本量	评分
纯牧	147	98.64	137	92.70	156	93.19	142	92.08	156	83.99
半农半牧	68	100.00	63	93.65	74	98.22	71	92.96	74	81.86
非农非牧	105	99.52	86	93.89	112	91.22	102	92.45	112	89.68
极差	—	1.68	—	2.39	—	7.00	—	0.88	—	7.82

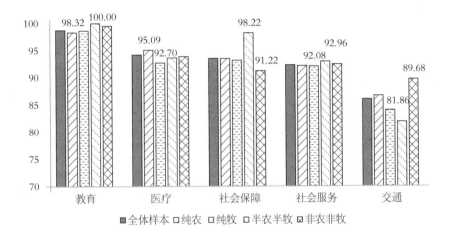

图 2-15　分家庭生产方式的公共服务三级指标满意度评分

总的来说，公共服务指标下各三级指标整体满意度较高，但交通满意度相对来说仍有待提高；在不同生产方式的家庭之间各三级指标满意度评分差异较小，尤其是教育和社会服务，而社会保障和交通满意度在不同生产方式家庭间仍然存在一定差异，这种差异主要反映在半农半牧家庭和非农非牧家庭之间。各类家庭内部均有一定程度的指标评分差异，尤其是半农半牧家庭更应注重公共服务各指标的均衡发展。

（二）分海拔高度的公共服务三级指标满意度状况

从分海拔高度的公共服务三级指标满意度评分来看，如表 2-18 和图 2-16 所示，在教育满意度指标下三类家庭得分均处于"非常满意"

水平，在总样本平均水平上小幅浮动，其中得分最高的是居住在海拔4000—4500米的家庭，居住在海拔4000米以下家庭得分最低，但二者只相差0.55分。在医疗满意度指标下，评分由高到低分别是居住在海拔4000—4500米家庭、小于4000米的家庭、大于4500米的家庭，极差为3.79分，除后者外，前两类家庭满意度评分均超过总样本的平均水平，且三者都处于"非常满意"水平。在社会保障满意度指标下，三类家庭评分均处于"比较满意"水平，评分最高的居住在海拔4000—4500米家庭和最低的居住在海拔4500米以上家庭之间相差2.78分；在社会服务满意度指标下，除居住在海拔4500米以上家庭处于"比较满意"水平，其他两类家庭均达到"非常满意"水平，满意度评分最高的依然是居住在海拔4000—4500米家庭，与评分最低的居住在海拔4500米以上家庭分差为7.53分。在交通满意度方面，除居住在海拔4000米以下家庭评分达到"非常满意"水平，其他两类家庭均处于"比较满意"水平，极差为6.04分。

再看各海拔高度家庭内部评分状况。三类家庭满意度最高的都是教育，最低的都是交通，其他三项指标居中且评分差异不大。家庭内部各指标间评分差异最大的是居住海拔在4000—4500米家庭，极差接近18分，评分差异最小的则是居住海拔在4000米以下家庭，极差不到11分。

表2-18　分海拔高度的公共服务三级指标满意度评分

	教育		医疗		社会保障		社会服务		交通	
	样本量	评分	样本量	评分	样本量	评分	样本量	评分	样本量	评分
全体样本	648	98.77	587	94.21	692	93.55	637	92.31	692	86.04
＜4000米	436	98.51	399	94.29	466	92.99	428	91.99	466	87.78
4000—4500米	159	99.37	146	94.86	171	95.40	158	94.78	171	81.74
＞4500米	53	99.06	42	91.07	55	92.62	51	87.25	55	84.67
极差	—	0.55	—	3.79	—	2.78	—	7.53	—	6.04

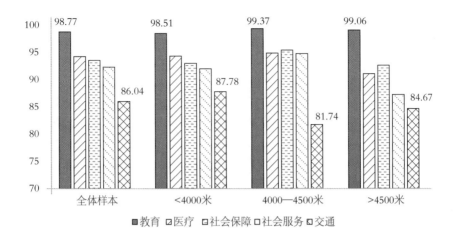

图 2-16 分海拔高度的公共服务三级指标满意度评分

总的来说，在不同海拔高度的家庭之间各三级指标满意度评分整体差异较小，但社会服务和交通满意度在不同海拔高度家庭间的差距仍然较大；此外对于居住在海拔 4000—4500 米的家庭应着力缩小公共服务指标评分差距。

（三）分地区的公共服务三级指标满意度状况

从分地区的公共服务三级指标满意度评分来看，如表 2-19 和图 2-17 所示，各地区教育满意度均处于"非常满意"水平，在总样本平均水平上小幅浮动，得分最高的墨竹工卡县和最低的曲水县只相差 2.67 分。在医疗满意度指标下，评分由高到低分别是墨竹工卡县、达孜区、堆龙德庆区、尼木县、当雄县、曲水县、林周县，极差为 7.49 分，七县区均处于"非常满意"水平，其中墨竹工卡县和达孜区家庭的满意度评分均超过总样本的平均水平。在社会保障满意度指标下，七县区家庭评分均处于"非常满意"水平，满意程度评分由高到低依次是墨竹工卡县、尼木县、林周县、达孜区、当雄县、堆龙德庆区、曲水县，极差 7.43 分，其中前三县区评分超过样本平均水平。在社会服务居住满意度指标下，除曲水县处于"比较满意"水平，其他六县区家庭均达到"非常满意"水平，评分由高到低依次是：尼木县、墨竹工卡县、堆龙德庆区、林周县、达孜区、当雄县、曲水县，前三县区超过平均水平，极差为 10.92 分。在交通满意度方面，除达孜区、尼木县、当雄县评分达到"非常满意"水平，其他四县区则处于"比较满意"水平，除墨竹工卡县和林周县，其他五县区评分均超过总体平均水平，极差为 13.43 分。

再从分指标的地区来看，各地区满意度最高的都是教育，除曲水县和达孜区，满意度最低的都是交通。家庭内部各指标间评分差异最大的是林周县，极差接近 20 分，评分差异最小的则是尼木县，极差不到 8 分。

表 2-19 分地区的公共服务三级指标满意度评分

	教育		医疗		社会保障		社会服务		交通	
	样本量	评分	样本量	评分	样本量	评分	样本量	评分	样本量	评分
全体样本	648	98.77	587	94.21	692	93.55	637	92.31	692	86.04
堆龙德庆区	107	99.07	93	93.28	116	91.28	107	92.52	116	86.71
墨竹工卡县	107	100.00	99	99.24	114	97.48	106	96.93	114	84.53
尼木县	60	98.33	57	92.98	65	96.12	61	97.54	65	90.52
当雄县	99	99.49	90	92.22	105	92.05	96	90.63	105	87.78
曲水县	75	97.33	69	92.03	81	90.05	71	86.62	81	87.47
林周县	121	97.93	106	91.75	129	94.87	117	91.03	129	78.54
达孜区	67	99.25	63	97.22	70	92.07	67	90.67	70	91.97
极差	—	2.67	—	7.49	—	7.43	—	10.92	—	13.43

总的来说，在不同地区的家庭之间各三级指标满意度评分存在不同程度差异，差异大小因地区而异，其中交通满意度不仅整体评分最

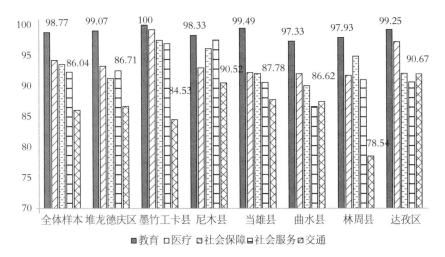

图 2-17　分地区的公共服务三级指标满意度评分

低且地区评分差异最大，教育满意度整体评分最高且地区评分差异最小。此外，林周县应重点缩小公共服务各指标间的评分差异，促进均衡发展。

（四）分家庭成员有无村干部的公共服务三级指标满意度状况

从家庭成员有无村干部的公共服务三级指标满意度评分来看，如表 2-20 和图 2-18 所示，除医疗满意度方面家庭成员无村干部家庭的评分略高于家庭成员有村干部的家庭，其他指标下均是有村干部家庭略高。

再看两类家庭内部的指标评分，两类家庭满意度最高的均是教育，最低的均是交通，其余三项指标满意度评分在有村干家庭中由高到低排序依次是社会保障、社会服务、医疗，在无村干部家庭中由高到低排序依次是医疗、社会保障和社会服务。两类家庭内部各指标间评分差异较为接近，均在 14 分左右。

表 2–20　分家庭成员有无村干部的公共服务三级指标满意度评分

	教育		医疗		社会保障		社会服务		交通	
	样本量	评分	样本量	评分	样本量	评分	样本量	评分	样本量	评分
全体样本	648	98.77	587	94.21	692	93.55	637	92.31	692	86.04
家庭成员有村干部	77	100.00	73	92.47	80	95.86	78	93.27	80	86.70
家庭成员无村干部	571	98.59	515	94.46	612	93.25	559	92.17	612	85.95
极差	—	1.41	—	1.99	—	2.61	—	1.10	—	0.75

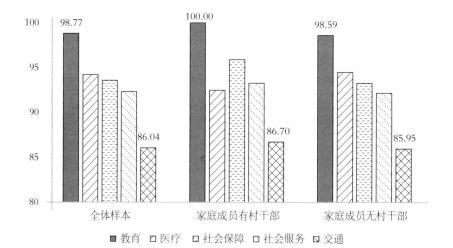

图 2–18　分家庭成员有无村干部的公共服务三级指标满意度评分

三、公共安全及其三级指标满意度状况

二级指标公共安全满意度评分为 91.91，属于"非常满意"水平，其下设三级指标的满意度评分由高到低依次是卫生安全、生产安全、公共安全和质量安全，除质量安全满意度评分属于"比较满意"外，其余指标均评分处于"非常满意"水平。卫生安全和生产安全这两项评分超过公共安全的平均水平，满意度评分最高的卫生安全与评分最低的质量安全相差 12.43 分，如表 2–21 和图 2–19 所示。

表 2-21　公共安全满意度及其三级指标评分

	样本量	评分
公共安全（二级指标）	605	91.91
公共安全	692	88.36
生产安全	605	95.89
卫生安全	692	98.20
质量安全	692	85.77
极差		12.43

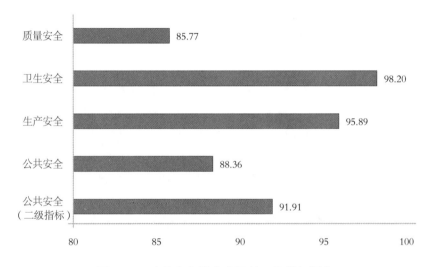

图 2-19　公共安全满意度及其三级指标评分

（一）分家庭生产类型的公共安全三级指标满意度状况

从分家庭生产方式的公共安全三级指标满意度评分来看，如表2-22和图2-20所示，在公共安全指标下，满意度评分由高到低依次是半农半牧家庭、非农非牧家庭、纯农家庭、纯牧家庭，前三类家庭均达到"非常满意"水平且超过总样本的平均水平，纯牧家庭则处于"比较满意"水平，极差为3.54分。在生产安全满意度指标下，评分由高到低分别是非农非牧家庭、纯农家庭、半农半牧家庭和纯牧家庭，四者均达到"非常满意"水平，极差为3.21分，除纯牧家庭，其余三类家庭满意度评分均超过总样本的平均水平。在卫生安全满意度指标下，四类家庭评分均处于"非常满意"水平，在平均水平上小幅波动，评分最高的纯农家庭和最低的非农非牧家庭差距只有 1.54 分。在质量安全满意度指标下，四类家庭均处于"比较满意"水平，由高到低依次是纯牧家庭、纯农家庭、半农半牧家庭、非农非牧家庭，前两类家庭评分超过总样本平均水平，最高分与最低分之差为 4.27 分。

再看各家庭内部指标评分，四类家庭满意度评分由高到低依次是卫生安全、生产安全、公共安全和质量安全，符合总样本的特征与趋势，且各家庭内部指标得分差异较为相似，均处在 10—15 分之间。

表 2-22 分家庭生产类型的公共安全三级指标满意度评分

	公共安全		生产安全		卫生安全		质量安全	
	样本量		样本量		样本量		样本量	
全体样本	692	88.36	605	95.89	692	98.21	692	85.77
纯农	350	88.36	308	96.42	359	98.91	350	86.71
纯牧	156	86.82	137	93.81	156	97.38	156	86.86
半农半牧	74	90.36	70	96.21	74	97.88	74	83.78
非农非牧	112	89.17	90	97.02	112	97.37	112	82.59
极差		3.54		3.21		1.54		4.27

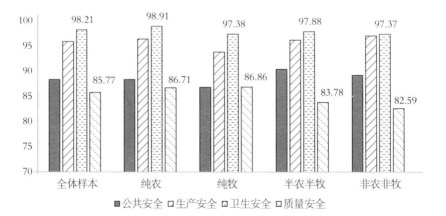

图 2-20 分家庭生产类型的公共安全三级指标满意度评分

总的来说，在不同生产方式的家庭之间公共安全各三级指标满意度评分整体差异较小，但质量安全的满意度需要提高。

（二）分海拔高度的公共安全三级指标满意度状况

从分海拔高度的公共安全三级指标满意度评分来看，如表 2-23 和图 2-21 所示，在公共安全指标下，满意度评分最高的是海拔 4500 米以上的家庭，且超过平均水平，与海拔 4000 米以下的评分均达到"非常满意"水平，评分最低的是海拔在 4000—4500 米的家庭，处于"比较满意"水平，这项指标评分极差为 3.28 分。在生产安全满意度指标下，评分依海拔递增而降低，但均达到"非常满意"水平，极差为 3.94分。在卫生安全满意度指标下，满意度评分依然依海拔递增而降低，且均处于"非常满意"水平，极差为 2.60 分。在质量安全满意度指标下，评分由高到低的家庭海拔高度依次是 4000—4500 米、4500 米以上、4000 米以下，极差为 3.14 分，只有海拔高度在 4000—4500 米的家庭达到"非常满意"水平并超过平均满意度评分，其余均处于"比较满意"水平。

再看各海拔高度家庭内部的指标评分，海拔 4000 米以下和 4500米以上的家庭评分最高和最低的均为卫生安全和质量安全，极差分别为13.6 分和 9.51 分；海拔高度在 4000—4500 米的家庭评分最高的还是卫生安全，最低的则是公共安全，极差为 11.25 分。

表 2-23　分海拔高度的公共安全三级指标满意度评分

	公共安全		生产安全		卫生安全		质量安全	
	样本量	评分	样本量	评分	样本量	评分	样本量	评分
全体样本	692	88.36	605	95.89	692	98.21	692	85.77
＜ 4000 米	466	88.64	402	96.52	466	98.47	466	84.87
4000—4500 米	171	86.98	153	95.35	171	98.23	171	88.01
＞ 4500 米	55	90.26	50	92.58	55	95.87	55	86.36

	公共安全		生产安全		卫生安全		质量安全	
	样本量	评分	样本量	评分	样本量	评分	样本量	评分
极差	—	3.28	—	3.94	—	2.60	—	3.14

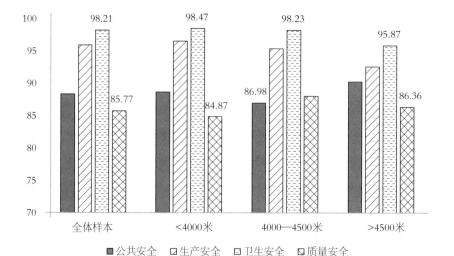

图 2-21　分海拔高度的公共安全三级指标满意度评分

　　总的来说，不同海拔高度的家庭公共安全各三级指标满意度评分存在一定程度的差异，尤其是海拔在 4000 米以下家庭中较明显；各三级指标满意度评分的海拔高度差异较小。

　　（三）分地区的公共安全三级指标满意度状况

　　从分地区的公共安全三级指标满意度评分来看，如表 2-24 和图 2-22 所示，在公共安全指标下，满意度评分由高到低依次是达孜区、墨竹工卡县、林周县、尼木县、堆龙德庆区、当雄县、曲水县。除了曲水县处于"比较满意"水平，其他六县区均达到"非常满意"水平，其中达孜区、墨竹工卡县、林周县超过总体平均水平，极差为 5.15 分。在生产安全满意度指标下，七县区均达到"非常满意"水平，评分最高的墨竹工卡县和最低的曲水县相差 3.24 分，其余地区评分均在平均水平（95.89 分）上下小幅波动。在卫生安全满意度指标下，各地区均处于"非常满意"水平，评分最高的墨竹工卡县和最低的当雄县相差 3.90 分，其余各县均在平均水平（98.21 分）上小幅波动。在质量安全满意度指标下，评分由高到低依次是尼木县、墨竹工卡县、达孜区、当雄县、堆龙德庆区、曲水县、林周县，其中前四个地区处于"非常满意"水平，后三个地区则处于"比较满意"水平，相较其他三类公共安全满意度指标，质量安全满意度评分极差较大，达到10.93 分。

再看各地区内部的指标评分，七县区满意度评分最高的均为卫生安全，其次是生产安全，堆龙德庆区、曲水县、林周县、达孜区满意度评分最低的是质量安全，其他三县满意度最低的则是公共安全。各地区内部指标得分均存在一定程度差异，其中差异最大的是林周县，为 18.28分，最小的是当雄县，为 8.02 分。

表 2–24　分地区的公共安全三级指标满意度评分

	公共安全		生产安全		卫生安全		质量安全	
	样本量	评分	样本量	评分	样本量	评分	样本量	评分
全体样本	692	88.36	605	95.89	692	98.21	692	85.77
堆龙德庆区	116	87.91	91	95.23	116	97.83	116	85.78
墨竹工卡县	114	89.35	105	97.63	114	99.73	114	89.47
尼木县	65	88.32	60	95.34	65	98.84	65	90.77
当雄县	105	87.81	93	95.18	105	95.83	105	88.09
曲水县	81	85.49	74	94.39	81	98.41	81	82.09
林周县	129	88.72	107	96.36	129	98.12	129	79.84
达孜区	70	90.64	63	96.19	70	98.93	70	88.57
极差		5.15		3.24		3.90		10.93

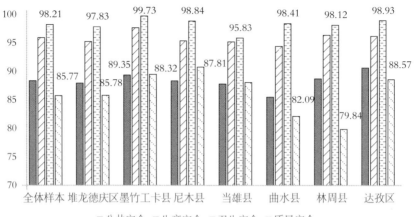

图 2-22 分地区的公共安全三级指标满意度评分

总的来说，公共安全各三级指标满意度评分的地区差异较小，但质量安全的满意度须得到整体性的提高；各地区内部均存在四项指标的评分差异，尤其是林周县比较突出。

（四）分家庭成员有无村干部的公共安全三级指标满意度状况

从分家庭成员有无村干部的公共安全三级指标满意度评分来看，如表 2-25 和图 2-23 所示，在生产安全、卫生安全满意度指标下，两类家庭满意度评分差距较小，有村干部的家庭略高，且都处于"非常满意"水平；相反，公共安全指标下，有村干部家庭的满意度低于无村干部家庭 2.03 分，前者处于"比较满意"水平，后者则处于"非常满意"水平；质量安全指标下，有村干部家庭的满意度低于无村干部家庭 5.81 分，两者都处于"比较满意"水平。

再看两类家庭内部的各指标得分。第一，两类家庭内部各公共安全指标满意度评分排序和总样本的平均水平相一致，由高到低依次是卫生安全、生产安全、公共安全、质量安全；第二，有村干部的家庭满意度得分极差大于无村干部的家庭，前者为 18.14 分，后者为 11.65 分。

表 2-25　家庭成员有无村干部的公共安全三级指标满意度评分

	公共安全		生产安全		卫生安全		质量安全	
	样本量	评分	样本量	评分	样本量	评分	样本量	评分
全体样本	692	88.36	605	95.89	692	98.21	692	85.77
家庭成员有村干部	80	86.56	71	96.89	80	99.04	80	80.63
家庭成员无村干部	612	88.59	534	95.76	612	98.09	612	86.44
极差	—	2.03	—	1.13	—	0.95	—	5.81

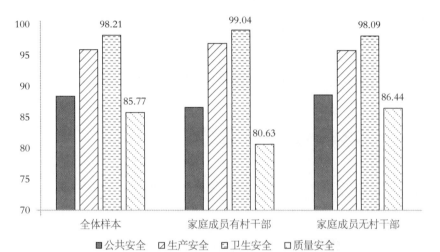

图 2-23　家庭成员有无村干部的公共安全三级指标满意度评分

　　总的来说，家庭成员有无村干部并没有导致各公共安全指标满意度评分的较大差异，但在质量安全方面仍然有两个工作重点：一是提高整体家庭对于质量安全的满意度，二是在有无村干部的两类家庭之间，仍然存在质量安全满意度评分差距的缩小空间。

四、生态文明及其三级指标满意度状况

　　二级指标生态文明满意度评分为 **92.96** 分，属于"非常满意"水平，其下设三级指标的满意度评分由高到低依次是垃圾处理、农村环境和水质达标，三项指标均处于"非常满意"水平。垃圾处理和农村环境这两项评分非常接近且均超过公共安全总样本平均水平，满意度评分最高的

垃圾处理与评分最低的水质达标相差3.57分，如表2–26和图2–24所示。

表2–26 生态文明满意度及其三级指标评分

	样本量	评分
生态文明	663	92.96
垃圾处理	692	94.22
水质达标	663	90.65
农村环境	692	94.15
极差	—	3.57

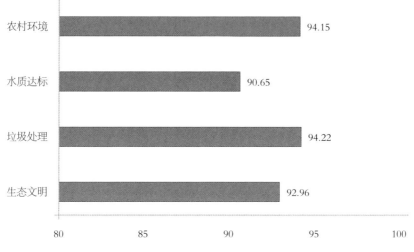

图2–24 生态文明满意度及其三级指标评分

（一）分家庭生产类型的生态文明三级指标满意度状况

从分家庭生产方式的生态文明三级指标满意度评分来看，如表2–27和图2–25所示，对垃圾处理满意程度最高的是纯农家庭，其次分别是非农非牧家庭、半农半牧家庭、纯牧家庭，前两类家庭评分超过总样本平均水平，四者均达到"非常满意"水平，极差为5.94分。水质达标满意度评分由高到低分别是半农半牧家庭、非农非牧家庭、纯农家庭、纯牧家庭，四者均达到"非常满意"水平，极差5.04分，除纯牧家庭，其他三类家庭的满意度评分均超过平均水平。在农村环境满意度方面，评分由高到低依次是纯牧家庭、半农半牧家庭、纯农家庭、非农非牧家庭，同样四者也都达到"非常满意"水平，极差 4.19 分，其中纯牧家庭和半农半牧家庭评分均超过平均水平。总的来说，不同生产方式的家庭对生态文明下各指标的满意程度整体较高，不同指标下各类家庭评分差异较小。

再看各类家庭内部的生态文明三级指标满意度评分。纯农家庭满意程度最高的是垃圾处理，其次是农村环境和水质达标，极差 5.25 分，与总样本的平均水平类似；纯牧家庭和半农半牧家庭的满意度评分排序则是农村环境、垃圾处理、水质达标，极差分别为 8.23 分、2.31 分；非农非牧家庭的满意度评分排序则是垃圾处理、水质达标和农村环境。

表 2-27　分家庭生产类型的生态文明三级指标满意度评分

	垃圾处理		水质达标		农村环境	
	样本量	评分	样本量	评分	样本量	评分
全体样本	692	94.22	663	90.65	692	94.15
纯农	350	96.00	335	90.75	350	93.71
纯牧	156	90.06	149	87.92	156	96.15
半农半牧	74	93.92	71	92.96	74	95.27
非农非牧	112	94.64	108	92.59	112	91.96
极差	—	5.94	—	5.04	—	4.19

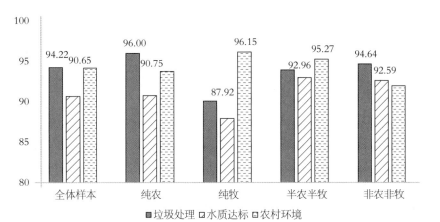

图 2-25　分家庭生产类型的生态文明三级指标满意度评分

（二）分海拔高度的生态文明三级指标满意度状况

从分海拔高度的生态文明三级指标满意度评分来看，如表 2-28 和图 2-26 所示，对垃圾处理满意程度最高的是海拔在 4500 米以上的家庭，其次是海拔 4000 米以下的家庭，处于 4000—4500 米海拔之间的家庭评分最低，极差为 3.06 分，三类家庭均达到"非常满意"水平，前两者超过样本平均水平。在水质达标方面，评分最高的海拔 4000 米以下家庭与评分最低的海拔在 4000—4500 米家庭分差只有 1.62，三类家庭均处于"非常满意"水平。在农村环境满意度方面，评分由高到低的家庭所处海拔依次是海拔在 4000—4500 米、4500 米以上、4000 米以下，同样三类家庭也都达到"非常满意"水平，极差为 3.46 分。

再看各海拔高度下的生态文明三级指标满意度评分。海拔 4000 米以下家庭满意度评分由高到低均依次是垃圾处理、农村环境和水质达标，均为"非常满意"，极差为 3.61 分；海拔 4000—4500 米和 4500 米以上的家庭满意程度最高的均为农村环境，其次是垃圾处理和水质达标，极差分别为 6.98 分和 6.36 分。

表 2-28　分海拔高度的生态文明三级指标满意度评分

	垃圾处理		水质达标		农村环境	
	样本量	评分	样本量	评分	样本量	评分
全体样本	692	94.22	605	90.65	692	94.15
＜4000 米	466	94.74	452	91.13	466	93.03
4000—4500 米	171	92.39	162	89.51	171	96.49
＞4500 米	55	95.45	50	90.00	55	96.36
极差	—	3.06	—	1.62	—	3.46

综上可知，分海拔高度的生态文明三级指标满意度评分存在以下特点：第一，样本家庭对生态文明各三级指标总体满意程度较高，在分海拔高度情况下均处于"非常满意"水平；第二，各类指标在不同海拔高

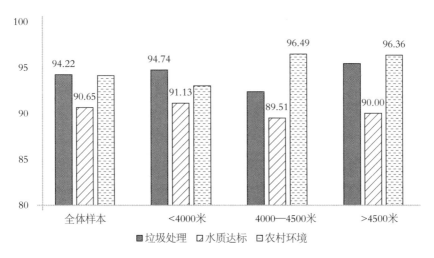

图 2-26　分海拔高度的生态文明三级指标满意度评分

度家庭间的差异较小；第三，海拔在 4000—4500 米和 4500 米以上的家庭的内部生态文明各指标间评分差异较大。

（三）分地区的生态文明三级指标满意度状况

从分地区的生态文明三级指标满意度评分来看，如表 2-29 和图 2-27 所示，垃圾处理满意程度评分由高到低依次是达孜区、墨竹工卡县、堆龙德庆区、曲水县、林周县、尼木县、当雄县，前三县区评分超过总样本平均水平，七县区均处于"非常满意"水平，极差为 8.34 分。在水质达标方面，满意度评分由高到低依次是墨竹工卡县、曲水县、堆龙德庆区、林周县、当雄县、达孜区、尼木县，除尼木县为"比较满意"，其他六县区均处于"非常满意"水平，极差为 6.54 分。在农村环境满意度方面，评分由高到低的地区依次是：墨竹工卡县、当雄县、尼木县、林周县、堆龙德庆区、达孜区、曲水县，七县区评分均处于"非常满意"水平，极差为 8.48 分，排名前四的地区评分超过总样本平均水平。

再看地区的生态文明三级指标满意度评分，堆龙德庆区和达孜区满意程度最高的均为垃圾处理，农村环境和水质达标次之，极差分别为

3.15 分、11.6 分；墨竹工卡县、尼木县、当雄县和林周县评分最高的均为农村环境，垃圾处理和水质达标次之，极差分别为 3.74 分、9.06 分、7.89 分、5.92 分；曲水县评分由高到低则依次是垃圾处理、水质达标和农村环境，极差为 4.32 分。

表 2-29　分地区的生态文明三级指标满意度评分

	垃圾处理		水质达标		农村环境	
	样本量	评分	样本量	评分	样本量	评分
全体样本	692	94.22	663	90.65	692	94.15
堆龙德庆区	116	95.26	114	92.11	116	92.24
墨竹工卡县	114	96.49	110	93.63	114	97.37
尼木县	65	91.54	62	87.09	65	96.15
当雄县	105	90.95	98	88.78	105	96.67
曲水县	81	93.21	79	92.41	81	88.89
林周县	129	93.02	123	89.43	129	95.35
达孜区	70	99.29	65	87.69	70	89.29
极差	—	8.34	—	6.54	—	8.48

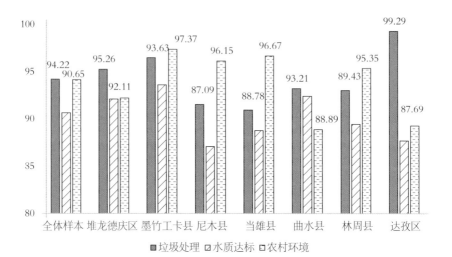

图 2-27　分地区的生态文明三级指标满意度评分

　　综上可知，分地区的生态文明三级指标满意度评分存在以下特点：第一，生态文明三级指标在不同地区均处于"满意"的状态，但评分存在不同程度的差异；第二，各类指标满意度评分地区差异最大的是农村环境，垃圾处理也相对较大，评分地区差异最小的是水质达标；第三，达孜区、尼木县的各生态文明三级指标满意度评分相对来说差异较大，前者主要在于垃圾处理和水质达标之间的差距，后者则在于农村环境和水质达标之间的差距，而堆龙德庆区、墨竹工卡县各指标评分差距相对较小。

　　（四）分家庭成员有无村干部的生态文明三级指标满意度状况

　　从分家庭成员有无村干部的生态文明三级指标满意度评分来看，如表 2-30 和图 2-28 所示，垃圾处理和农村环境满意度评分在两类家庭间只存在细微差别，且均处于"非常满意"水平。只有在水质达标方面，有村干部的家庭评分略高于无村干部的家庭，极差为 3.33 分，两类家庭仍然均属于"非常满意"水平。

　　再看两类家庭内部的各三级指标满意度评分，评分最高的均为垃圾处理，最低的均为水质达标，有村干部家庭的评分极差为 1.41 分，低于无村干部家庭的 3.86 分。

　　综上可知，分家庭成员有无村干部的生态文明三级指标满意度评分存在以下特点：第一，两类家庭在生态文明各三级指标下均处于"非常满意"水平；第二，各类指标在两类家庭间评分差异非常小；第三，无村干部家庭内各指标的评分差异略大于有村干部的家庭。

表 2-30　分家庭成员有无村干部的生态文明三级指标满意度评分

	垃圾处理		水质达标		农村环境	
	样本量	评分	样本量	评分	样本量	评分
全体样本	692	94.22	663	90.65	692	94.15
家庭成员有村干部	80	95.00	78	93.59	80	94.38
家庭成员无村干部	612	94.12	585	90.26	612	94.12
极差	—	0.88	—	3.33	—	0.26

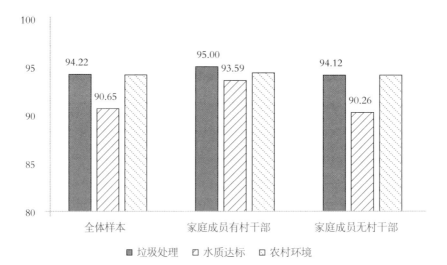

图 2-28　分家庭成员有无村干部的生态文明三级指标满意度评分

第四节　结论与建议

基于拉萨市农牧区民生调查数据计算的拉萨市农牧区民生满意度评分情况显示，2018 年拉萨市农牧民民生满意度得分为 90.98 分，拉萨市农牧民 2018 年总体民生满意度较高。按农牧业类型、按不同海拔、按拉萨市七县区不同地区分或按家中有无村干部进行分类来看，拉萨市农牧区各类家庭总体民生满意度评分都处于"非常满意"水平。

就拉萨市农牧区民生满意度的二级指标而言，居民生活得分相对偏低，不同农牧业类型、不同海拔、不同地区、家中有无村干部等情况下，居民生活满意度得分都处在"比较满意"的水平上，特别是纯牧业家庭、海拔 4500 米以上家庭、堆龙德庆区、当雄县、曲水县、达孜区四县区以及无村干部家庭在居民生活满意度方面的评分均低于 80 分。各二级指标中公共服务、公共安全和生态文明满意度均为"非常满意"。

从三级指标看，在居民生活方面，收入、消费、居住、就业满意度均为"比较满意"；公共服务方面交通满意度为"比较满意"，教育、医疗、社会保障、社会服务满意度均为"非常满意"；公共安全方面质量安全满意度为"比较满意"，公共安全、生产安全、卫生安全满意度都为"非常满意"；生态文明方面的垃圾处理、水质达标和农村环境满意度均为"非常满意"。此外，不同农牧业类型、不同海拔、不同地区、家庭成员有无村干部等情况下拉萨市农牧民对各三级指标满意度存在一定差异。

　　基于以上分析，建议：第一，未来拉萨市农牧区民生保障与改善重心应放在改善居民生活方面，特别是农牧民家庭、海拔较高地区的家庭等，包括促进农牧民增收、改善农牧民就业条件和质量、推动农牧民消费升级以及进一步改善住房条件等；第二，进一步完善农牧区交通基础设施建设；第三，进一步加强农牧区自然灾害预防、应急管理等减灾抗灾工作，增强农牧民自然灾害防治意识，增加农牧民自然灾害防治知识和技能。

第三章

拉萨市农牧区民生状况基本分析

除主观民生满意度外，客观的居民日常生活情况也是把握拉萨市农牧区民生状况的重要素材。按照本书对民生的定义和测量，本章分别从居民生活、公共服务、公共安全和生态文明四个方面，对 2017 年拉萨市农牧区民生状况进行分析。

第一节　居民生活

本节通过居民的家庭收支、就业满意度变化、住房情况和去寺庙情况等，分析 2017 年拉萨市农牧民生活情况。

一、家庭收入变化情况

一是超四成家庭收入较 2016 年增加。调查数据显示，2017 年全年收入较 2016 年增加和保持不变的家庭占比分别是 40.17% 和 46.97%，表示全年收入较 2016 年减少的家庭仅占 8.67%，另有 4.19% 的家庭不清楚家庭收入变化情况，如图 3-1 所示。

二是收入增加家庭占比上升。2017 年，年收入较上一年增加的家庭占比上升了 7.46 个百分点；年收入与上一年比保持不变和比上一年减

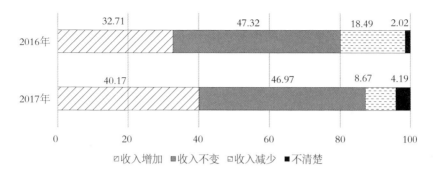

图 3-1　2016 年、2017 年拉萨市农牧民家庭
年收入较上年变动情况比较（单位：%）

注：2017 年调查 N=746；2018 年调查 N=692。除特别说明外，本章其他图与此相同。

少的家庭占比分别较 2016 年下降 0.35 个百分点和 9.82 个百分点，如图 3-1 所示。

二、家庭消费变化情况

2017 年，拉萨市农牧区多数家庭年度总消费较上一年增加，消费

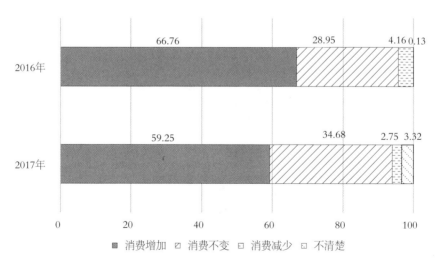

图 3-2　2016 年、2017 年拉萨市农牧民家庭
总消费较上年变动情况比较（单位：%）

增加家庭占比下降。调查数据显示，2017 年，全年总消费较上一年增加和保持不变的家庭占比分别是 59.25% 和 34.68%，表示全年总消费较上年减少的家庭仅占 2.75%，另有 3.32% 的家庭不清楚家庭收入变化情况。尽管总消费较上一年增加的家庭仍占主体，但与 2016 年相比，2017 年拉萨市农牧区家庭中消费保持不变的家庭占比上升。与 2016 年相比，2017 年拉萨市农牧区总消费较上一年增加的家庭占比下降 7.51 个百分点，总消费较上一年保持不变的家庭占比上升了 5.73 个百分点，总消费比上一年减少的家庭占比下降 1.41 个百分点，如图 3–2 所示。

三、家庭货币支出变化情况

调查数据显示，2017 年拉萨市农牧区总消费中的货币支出较上一年增加和保持不变的家庭占比分别是 66.90% 和 27.89%，货币支出较上一年减少的家庭仅占 2.75%，另有 2.46% 的家庭不清楚家庭货币支出变化情况。与 2016 年相比，2017 年拉萨市农牧区货币支出较上一年增加的家庭占比下降了 7.22 个百分点，较上一年保持不变的家庭占比上升了 7.11 个百分点，较上一年减少的家庭占比下降 1.81 个百分点，如图 3–3 所示。

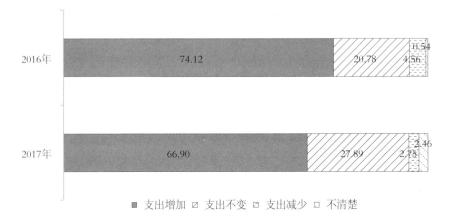

图 3–3 2016 年、2017 年拉萨市农牧民家庭
货币支出较上年变动情况比较（单位：%）

四、居民工作满意度及其变化情况

居民对工作状况的满意度高，工作满意度较 2016 年总体提升。调查数据显示，2017 年拉萨市农牧民对工作状况表示满意的有 72.09%，较 2016 年上升了 2.45 个百分点；对当前工作状况满意程度为一般者占比为 24.50%，较 2016 年上升了近 2 个百分点；2017 年仅有 3.41% 的家庭对工作状况不满意，较 2016 年下降 4.44 个百分点，如图 3-4 所示。

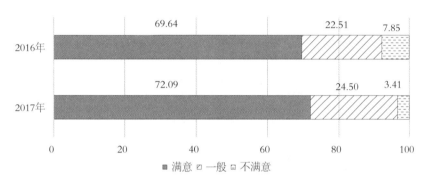

图 3-4　2016 年、2017 年拉萨市农牧民
工作状况满意度比较（单位：%）

五、自有住房情况

住有所居是民生保障的重要内容。近年来，西藏不仅大力推广新农村建设，政府给农牧民在合适的位置集中建设舒适的住宅，而且对自建住房的农牧民给予较高的"建房补贴"。通过一系列资金扶持政策，较好地解决了当地居民的住房问题。

目前拉萨市农牧区绝大多数居民居住的房子是自家拥有的。调查数据显示，2017 年拉萨市农牧区有 94.94% 的家庭目前居住的房屋属自家拥有，有 5.06% 的家庭目前居住的房子不是自家拥有的。拉萨市农牧区家庭居住自家拥有的住房，基本是在 2000 年及以后建造的（占比

97.25%），集中建造在 2008 年之后（占比 61.26%）。2017 年拉萨市农牧区居住自有住房的家庭占比较 2016 年有所下降，降幅为 3.18 个百分点，但总体趋势未变。如图 3–5 所示。

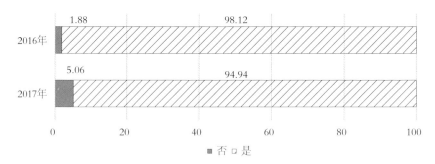

图 3–5　2016 年、2017 年拉萨市农牧民居住房屋
是否自有情况比较（单位：%）

六、自有住房对家庭居住需求的满足情况

2017 年拉萨市农牧区居住在自家所拥有住房的家庭中，有 82.19% 的家庭表示住房是够家人居住的，这一比例较 2016 年上升 1.06 个百分

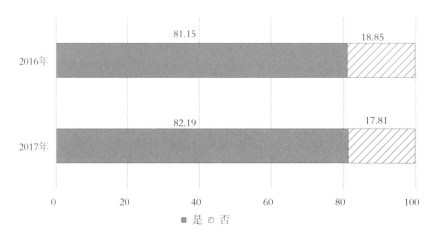

图 3–6　2016 年、2017 年拉萨市农牧民房屋是否够住情况比较（单位：%）
注：2017 年调查 N=746；2018 年调查 N=657（仅居住自有住房的家庭户）。

点；2017 年有 17.81% 的家庭表示住房不够家人居住，较 2016 年下降 1.04 个百分点。总体而言拉萨市农牧区家庭自有住房满足家人居住的情况良好，如图 3-6 所示。

七、居民房屋居住状况满意度

拉萨市农牧民对房屋居住状况表现出较高的满意程度。调查数据显示，2017 年拉萨市农牧区对房屋居住状况明确表示满意的家庭占比达到 60.54%，较 2016 年上升了 3.17 个百分点；表示满意程度为一般的家庭占比 25.17%，几乎与 2016 年一致；仅有 14.29% 的家庭对房屋居住状况不满意，如图 3-7 所示。

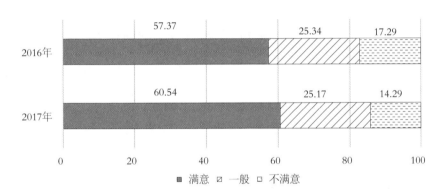

图 3-7　2016 年、2017 年拉萨市农牧民
房屋居住状况满意情况（单位：%）

注：2017 年调查 N=746；2018 年调查 N=588。

在不同类型家庭中，纯牧家庭居民对房屋居住状况的满意程度相对较低，如图 3-8 所示。统计分析结果显示，在不同类型家庭中，纯牧家庭中表示不满意房屋居住状况的家庭比重为 22.44%，纯农、半农半牧、非农非牧家庭中表示不满意房屋居住状况的家庭比重分别是 12.32%、8.11% 和 7.21%。相对而言，半农半牧、非农非牧家庭对房屋居住状况的满意程度较高。

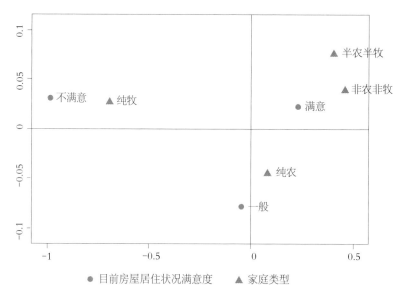

图 3-8　房屋居住状况满意度与家庭类型的对应分析

八、居民去寺庙情况

藏传佛教在青藏高原有极其特殊的地位，上千年来拉萨市一直是青藏高原的宗教中心，居民到寺庙属于正常的宗教行为。调查数据显示，2017 年拉萨市农牧区中，有 23.73% 的居民表示自己或家人没有去过寺庙，占比近四分之一；有 57.60% 的居民表示自己或家人每年去 1—2 次寺庙；表示自己或家人去寺庙频率超过每月 4 次的仅占 1.16%，如图 3-9 所示。

除此之外，调查数据显示，2017 年拉萨市农牧区有 91.77% 的居民表示家人当年没有远行朝拜经历，仅有 6.50% 的居民表示家人当年有远行朝拜经历，1.73% 的居民不清楚家人是否有远行朝拜经历。

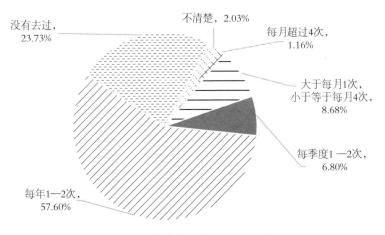

图 3-9　拉萨市农牧民去寺庙频率

第二节　公共服务

公共服务是民生的重要组成部分，本节从教育、医疗、社会保障和公共交通等方面分析 2017 年拉萨市农牧民享受公共服务的情况。

一、居民接受正规教育情况

拉萨市农牧民对学校正规教育的接受程度较高。调查数据显示，2017 年拉萨市农牧区有家庭成员正在学校接受正规教育的家庭占 73.84%，没有的占 26.16%，如图 3-10 所示。目前较多农牧民更愿意接受学校正规教育来学习科学文化知识，但仍有少数居民选择在寺庙学习，2017 年拉萨市农牧区仅有 4.48% 的家庭中有成员在寺庙学习。

二、居民义务教育满意度

拉萨市农牧民对义务教育的满意度较高。调查数据显示，拉萨市农牧民对义务教育表示满意的占 91.33%，表示满意度为一般的仅有

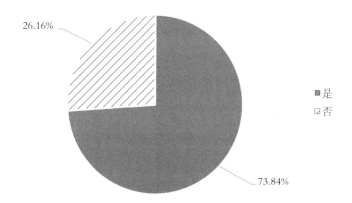

图3-10　拉萨市农牧区家庭中有成员正在接受正规教育比例
注：2018年调查N=692。

2.31%，没有人不满意义务教育，另有6.36%的居民表示不清楚。关于对义务教育不太满意的原因（未明确表示满意的居民回答），主要包括认为学校后勤食宿较差、学校环境及教学设施较差等。由此可见，近年来国家对西藏自治区教育事业的扶持和投入以及西藏自治区推行的十五年"全贯制"义务教育使得西藏自治区教育事业发展取得了明显效果，农牧民受教育意识得到显著增强。西藏教育事业发展使西藏各族人民的教育权利得到充分保障，为西藏各行业发展提供了人才和智力支持。

三、居民对就医机构选择情况

西藏平均海拔4000米以上，高寒缺氧且昼夜温差大，恶劣的自然环境导致高原疾病易发。西藏人均预期寿命较全国平均水平更低，卫生医疗服务是影响民生保障与改善的重要因素。

乡镇和村级基层医疗卫生服务机构是多数农牧民就医首选。调查数据显示，在家人生病时有66.90%的拉萨市农牧民首选村/乡镇卫生所或医院进行医治；首选到县城卫生所或医院、拉萨市的医院进行治疗的居民分别占21.97%和7.23%；首选藏医及藏医院、活佛或喇嘛进行医治的居民极少，合计仅有 3.90%，如图 3-11 所示。农牧民在家人生病时首选何种方式进行医疗，不仅与居民的医疗卫生意识、知识等因素有关，更与医疗卫生服务的供给情况有关。由调查结果可以看出，拉萨市农牧民基本具有现代的医疗卫生意识。

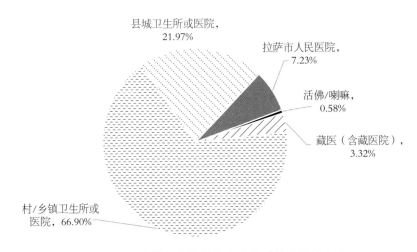

县城卫生所或医院，21.97%
拉萨市人民医院，7.23%
活佛/喇嘛，0.58%
藏医（含藏医院），3.32%
村/乡镇卫生所或医院，66.90%

图 3-11　拉萨市农牧民家人生病时首选医治方式

四、基层医疗卫生服务机构的作用及居民满意度

基层医疗卫生服务机构作用突出，多数农牧区家庭有成员到乡镇和村级医疗卫生服务机构看病。调查数据显示，拉萨市农牧区有成员到乡镇或村级卫生所或医院有过看病经历的家庭占比达到 63.73%。乡镇、村级基层医疗卫生服务机构在拉萨市广大农牧民的民生保障中发挥着非常重要的作用。

农牧民对本村或乡镇医疗卫生机构的医疗服务满意度高。调查数据显示，拉萨市农牧民中对本村／乡镇卫生所或医院提供的医疗服务表示满意者达到 83.38%，表示一般、不满意和不清楚者占比分别是 9.97%、2.31% 和 4.34%。农牧民对本村／乡镇卫生所或医院提供医疗服务不太满意（未明确表示满意者回答）的原因主要包括技术水平较低、医疗设备不完善等。可见拉萨市农牧区应在加大引进医学人才和先进医疗设备力度、努力提升基层卫生所医疗服务水平方面进一步提升基层医疗卫生服务能力、水平和质量，促进农牧民的医疗卫生服务需要不断得到满足。

五、县医院作用及居民满意度

一方面，超四成农牧区家庭有成员到县医院看病。调查数据显示，2017年拉萨市农牧区有家庭成员到县医院看病经历的家庭占比达到43.21%，有0.87%的家庭表示不清楚。在乡镇和村级医疗卫生服务机构之外，县医院可提供技术更先进、医诊更全面的医疗服务，是基层医疗卫生服务的重要补充。

另一方面，农牧民对县医院提供的医疗服务满意度高。调查数据显示，拉萨市农牧民对县医院提供的医疗服务表示满意者达到79.18%，表示一般、不满意和不清楚者占比分别是6.65%、1.16%和13.01%。有超过10%的居民表示不清楚可能与其家庭成员没有或较少到县医院接受医疗卫生服务有关。农牧民对县医院提供医疗服务不太满意（未明确表示满意者回答）的原因主要包括技术水平较低、医护人员服务态度较差和交通不方便等。可见，农牧民对医疗技术水平普遍比较关心，村和乡镇基层医疗卫生服务机构提供的医疗服务立足满足农牧民的基本医疗服务需求，在农牧区疾病预防控制中发挥基础性作用，而县医院则应更重视医疗技术水平的提高、服务质量的提升等。

六、养老金覆盖面及居民满意度

社会保障体系包括社会保险、社会救济、社会福利以及优抚安置等内容。西藏经济发展相对落后，还有一些农牧民生活处于相对贫困状态或贫困边缘。为了了解拉萨市农牧区家庭社会保障现状，调查还包括养老保障与政府财政补贴两方面的内容。

拉萨市农牧民对政府提供的社会保障满意度较高，养老金对老年人生活起到重要保障作用。调查数据显示，农牧民家庭中有家庭成员领取社会保障养老金的比例为38.87%，其中对目前政府提供的社会养老保障表示满意、一般、不满意和不清楚占比分别为97.03%、2.23%、0%、0.74%；农牧民无家庭成员领取社会保障养老金的比例为61.13%，其中对目前政府提供的社会养老保障表示满意、一般、不满意和不清楚占比分别为73.29%、1.65%、0%、25.06%，如表3-1所示。有真正享受社会保障养老金的受访家庭户对目前政府提供的社会养老保障满意度远远高于受访家庭户无老人领取社会保障养老金的比例，不满意和不清楚的比例主要来源于无老人领取社会保障养老金的家庭。

表3-1　拉萨市农牧区家庭领取社会保障养老金满意程度

（单位：%）

调研家庭领取社会保障养老金	满意	一般	不满意	不清楚
领取社会保障养老金	97.03	2.23	0.00	0.74
无领取社会保障养老金	73.29	1.65	0.00	25.06

注：领取 N=269；无领取 N=423。

农牧民家庭对养老保障不太满意的原因主要包括：一是对养老保险办事流程不了解，占53.85%；二是养老保险经办人员的工作效率较低，占23.08%；三是对养老保险经办机构开展政策不了解，占15.38%；四是当前农村养老保险基础养老金发放额度低、养老金发放及时性差和参保及领取养老金不方便，三项合计占7.69%。调查数据显示，有领取养老保障金的家庭户中有一个老人领取的占75.84%，两个老人的占23.42%，三个老人的占0.74%。

七、农牧业补贴情况及居民满意度

政府财政补贴在农牧民的社会保障中发挥重要作用。公共服务作为财政支出的主要渠道，2017 年拉萨市农牧民家庭中获得农业 / 牧业补贴的占比 88.44%，未获得农业补贴的占比 11.56%，获得政府发放的其他补贴（不包括低保补贴、农业 / 牧业补贴以及养老保障）有 42.92%。由于西藏生态环境脆弱，为保护环境、退耕还林退牧还草，对农牧民进行补贴。

农牧民家庭对国家发放的各种补贴表现出很高的满意程度。调研数据显示，农牧民对 2017 年从政府获得各种补贴表示满意、一般、不满意和不清楚的占比分别为 84.25%、7.95%、0.72% 和 7.08%，如图 3–12所示。国家的各种补贴政策提高了农牧民生活水平，高原地区的生态环境得到保护，精准扶贫政策取得一定成效。

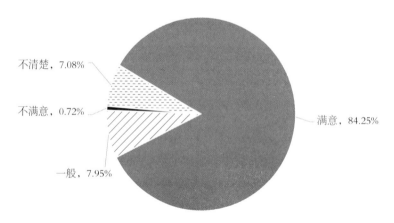

图 3–12　从政府获得各种补贴满意程度

八、居民公共交通的需求及满意度

公共交通是民生出行的重要组成部分，公共交通的发展状况影响着农牧民的出行状况、经济发展程度以及文化教育水平等。由于农牧区各乡镇面积较大，距离较远，农牧区的交通出行方式受限。

　　调查数据显示，农牧民及其家人出远门首选的交通方式是摩托车，占比36.71%，其次为包车占比27.02%，搭便车占比25.14%，乘坐有固定停靠站的公共汽车占比23.99%，自己驾驶汽车占比19.08%，乘坐私人营运的小汽车占比13.29%，乘坐私人营运的计程车占比6.94%，乘坐拖拉机占比5.20%，走路占比4.19%，骑马出行占比0.72%。在对农牧民目前出行可选择的公共汽车方便程度满意度进行统计分析发现，表示满意占比51.15%，表示一般占比5.06%，表示不满意占比1.45%，本村没有公共汽车占比达42.34%，如图3-13所示。

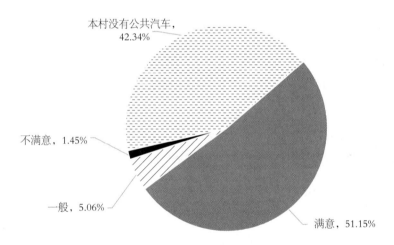

图3-13　对出行可选择的公共汽车方便程度满意度

　　拉萨市农牧民家庭对目前本村/乡镇道路状况表现出较高满意程度。调查数据显示，农牧民对目前本村/乡镇道路状况表示满意占比70.66%，表示一般占比16.62%，表示不满意占比12.72%，如图3-14所示。由此可见，西藏实行"村村通工程"促使农牧区公共交通得到极大改善，但村内部公路供给不充分或质量不高的问题依然存在，农牧民出行受到一定影响。同时与公共交通相应的配套设施未及时跟上，政府对公共交通的投入力度仍须加强。

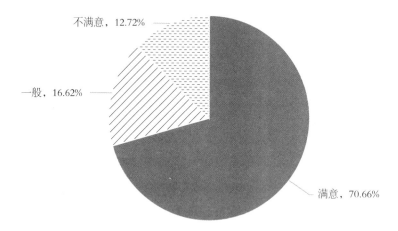

不满意，12.72%

一般，16.62%

满意，70.66%

图 3-14 对目前本村 / 乡镇道路状况满意程度

整体来看，在公共服务各领域，拉萨市农牧民家庭的满意度由高到低依次为：对义务教育的评价（91.33%）、对政府提供各项补贴的评价（84.25%）、对目前本村 / 乡镇卫生所或医院提供的医疗服务的评价（83.38%）、对政府提供的社会保障的评价（82.51%）、对目前县医院提供的医疗服务的评价（79.19%）、对目前本村 / 乡镇道路状况的评价（70.66%）、对目前出行可选择的公共汽车方便程度的评价（51.15%）。

拉萨市农牧区家庭对文化教育的满意度最高，达到91.33%，这表明在文化教育方面政府的相关政策使得农牧区家庭切实得到了好处，帮助农牧民家庭很大程度上解决了子女的教育问题。对公共交通工具满意的程度最低，表示满意的只有51.15%。拉萨市农牧区公共交通工具供给不足，严重影响农牧民出行，有高达42.34%受访对象所在村庄没有公共交通工具，农牧民出行只能选择私营小巴车、摩托车、搭便车等其他方式，而这些出行方式不但有较大的安全隐患，同时也直接影响出行的便捷性，如表3-2所示。

表 3-2 对政府提供公共服务满意度

（单位：%）

公共服务项目	具体评价指标	满意	一般	不满意	不清楚
文化教育	对目前政府提供的义务教育表示	91.33	2.31	0.00	6.36
卫生医疗	对目前本村/乡镇卫生所或医院提供的医疗服务表示	83.38	9.97	2.31	4.34
	对目前县医院提供的医疗服务表示	79.19	6.65	1.16	13.00
社会保障	对目前政府提供的社会保障表示	82.51	1.88	0.00	15.61
	对2017年从政府获得的各种补贴表示	84.25	7.95	0.72	7.08
交通状况	对目前出行可选择的公共汽车方便程度表示	51.15	5.06	1.45	42.34
	对目前本村/乡镇道路状况表示	70.66	16.62	12.72	—

第三节 公共安全

本节从生产安全、自然灾害、公共治安、传染病例、食品安全五个方面分析 2017 年拉萨市农牧民公共安全状况。

一、生产安全事故发生情况

本次调研考察的农牧区生产安全状况主要包括来自该地区工业企业尤其是矿山、建筑以及修路等行业在高寒缺氧条件下的生产安全事故，同时也包括农牧业生产过程中农业机械操作可能带来的人身健康安全事故。

2017 年拉萨市农牧区生产安全事故发生率较 2016 年有微幅上升。调查数据显示，2017 年拉萨市农牧区全年生产安全事故发生率为 3.18%，2016 年为 3.08%，如图 3-15 所示。2017 年发生生产安全事故的村数量减少，发生生产安全事故的村占比 31.75%（20 个村发生生产安全事故），2016 年为 40.32%（25 个村发生生产安全事故），占比增加了 8.57 个百

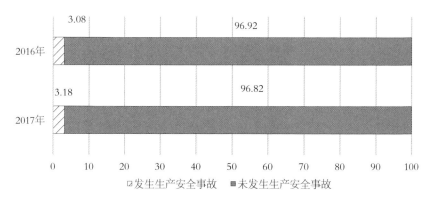

图 3-15　2016 年、2017 年拉萨市农牧民发生过
生产安全事故情况比较（单位：%）

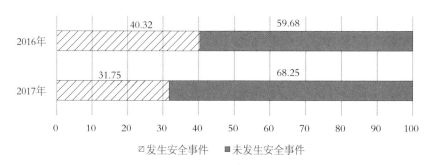

图 3-16　2016 年、2017 年拉萨市农牧区自然村发生
生产安全事故情况比较（单位：%）

注：2017 年调查（村）N=62；2018 年调查（村）N=63。

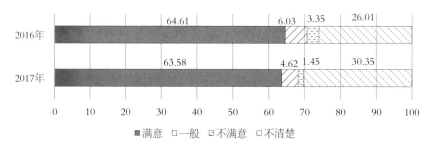

图 3-17　2016 年、2017 年拉萨市农牧民对生产安全
事故后政府措施评价（单位：%）

分点，如图 3-16 所示。

发生生产安全事故的村数量在减少，说明部分村的生产安全防患工作效果相对提升。关于拉萨市农牧民对政府在生产安全事故发生后有关工作的满意度调查结果显示，表示"满意"和"不满意"的居民比例有小幅下降，但是表示"不清楚"的居民比例增加了 4.34 个百分点，如图 3-17 所示。

二、自然灾害数量及居民对灾后政府措施的满意度

自然环境是人类赖以生存和发展的基础，自然灾害直接影响人类的活动。在 2018 年调查的 692 户受访家庭中，有 543 户表示所在村镇没有遭受自然灾害的侵扰，占比 78.47%；149 户受访家庭表示所在村镇 2017 年遭受了自然灾害，占比 21.53%。与 2016 年相比，受访户遭受自然灾害的占比有小幅下降。在 2017 年调查的 746 户受访家庭中，有 581 户表示 2016 年所在村镇没有遭受自然灾害的侵扰，占比 77.88%；165 户受访家庭表示所在村镇 2016 年遭遇了自然灾害，占比 22.12%，如图 3-18 所示。

关于拉萨市农牧民对 2017 年自然灾害发生后政府采取的措施，在 2018 年调查 692 个受访家庭中只有 149 户做了评价，表示满意的 120 户，占比 80.54%；表示一般的有 18 户，占比 12.08%；表示不满意的有 9 户，占比 5.37%；表示不清楚的有 3 户，占比 2.01%。2017 年相比 2016 年农牧民对自然灾害后政府采取措施的满意度有所提高，关于农牧民 2016 年对自然灾害发生后政府采取措施的评价，在 746 个受访家庭中表示满意的有 530 户，占比 71.05%；表示一般的有 64 户，占比 8.58%；表示不满意的有 52 户，占比 6.97%；表示不清楚的有 100 个，占比 13.40%，如图 3-19 所示。

通过调查数据发现，村民对政府在自然灾害后的工作满意度有所提升，但是还有部分村民对自然灾害后的政府工作存在不满意的情况，说

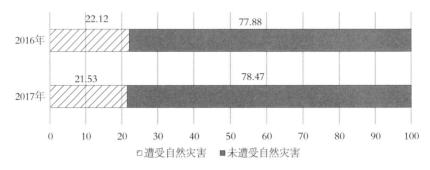

图 3-18　2016 年、2017 年拉萨市农牧民
遭受自然灾害情况对比（单位：%）

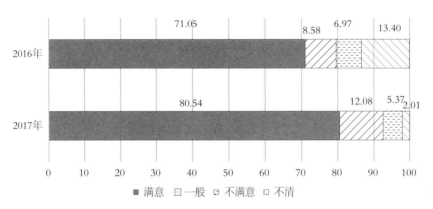

图 3-19　2016 年、2017 年拉萨市农牧民对自然灾害发生后
政府采取措施的满意度评价（单位：%）

明政府的灾后工作还可进一步加强。

三、治安安全事件发生情况

治安安全是维护社会稳定和经济健康发展的重要保障。在 2018 年入户调查的 692 户家庭中，受访家庭没有经历治安安全事件的为 678 户，占比 97.98%；经历了治安安全事件的样本有 14 户，占比 2.02%。治安安全事件发生量相对 2016 年度有小幅增加，在 2016 年入户调查的 746 户家庭中，受访家庭没有经历治安安全事件的为 736 户，占

比 98.66%；经历了治安安全事件的有 10 户，占比 1.34%，如图 3-20 所示。

2017 年共有 17 个村（占比 26.98%）发生过治安安全事件，占比相较 2016 年下降 6.89 个百分点，2016 年共有 21 个村（占比 33.87%）发生过治安安全事件，如图 3-21 所示。

2018 年调查数据显示，拉萨市农牧民对 2017 年村镇社会公共治安安全状况表示满意的有 478 户，占比 69.07%；表示一般的有 19 户，占比 2.75%；表示不满意的有 9 户，占比 1.30%；表示不清楚的有 186 户，占比 26.88%。2016 年拉萨市农牧民对村镇社会公共治安安全状况表示满意的有 694 户，占比 93.03%；表示一般的有 37 户，占比 4.96%；表示不满意的有 15 户，占比 2.01%。拉萨市农牧民对 2016 年村镇公共治安安全状况表示满意的占比 93.03%，而 2017 年为 69.07%，满意度相对下降较大，这与 2018 年调查问卷中增设"不清楚公共治安状况"选项有关，如图 3-22 所示。2017 年表示"不满意"的家庭占比相对 2016 年有所下降。

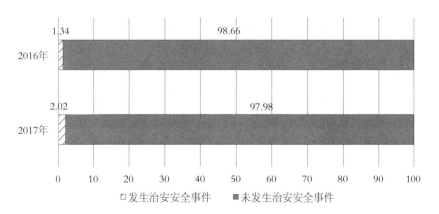

图 3-20　2016 年、2017 年拉萨市农牧民家庭
发生过治安安全事件情况对比（单位：%）

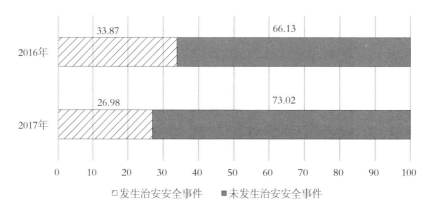

图 3-21　2016 年、2017 年拉萨市农牧区村镇发生
治安安全事件情况对比（单位：%）

注：2017 年调查（村）N=62；2018 年调查（村）N=63。

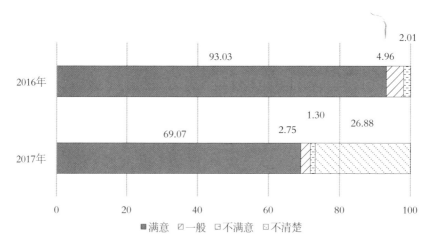

图 3-22　拉萨市农牧民对 2016 年、2017 年社会公共治安
安全状况的满意度评价对比（单位：%）

四、传染病发生情况

预防传染病疫情等突发公共卫生事件的发生，是保障农牧民身体健康和生命安全的重要措施。

2018 年调查的全部 692 户农牧区受访家庭中，表示其所在村 / 乡镇发生过人传染病例的共有 16 户，分布在 13 个村，占总 63 个样本村的比重为 20.63%。这个发病的覆盖率仍比较高，但相比 2017 年调查情况有一定幅度的下降。2017 年调查全体 746 户农牧区受访对象中涉及 26 个村的居民（共计 35 户）表示其所在村/乡镇发生过人传染病例，35 户占全部样本村的比重为 41.94%，如图 3-23 所示。

农牧民对于政府在人传染病防治方面采取措施或采取预防措施的评价，如图 3-24 所示，2018 年调查中表示满意的有 539 户，占比 77.88%；表示一般的有 16 户，占比 2.31%；表示不满意的有 2 户，占比 0.29%；表示不清楚的有 135 户，占比 19.51%。2017 年调查中表示满意的有 617 户，占比 82.70%；表示一般的有 21 户，占比 2.82%；表示不满意的有 14 户，占比 1.88% 表示；表示不清楚的有 94 户，占比 12.60%。

2018 年调查中有 89 户表示所在村发生了牲畜传染病例，涉及 41 个村，占全体 63 个样本村的 65.08%，相比 2017 年调查时增加了 13.32 个百分点；2017 年调查中有 71 户表示所在村发生了牲畜传染病例，涉及 32 个村，占全体 62 个样本村的 51.6%，如图 3-25 所示。

对政府在牲畜传染病防治方面采取措施方面，居民满意度较高。如图 3-26 所示，2018 年调查对此表示满意的有 577 户，占比 83.38%；表示一般的有 22 户，占比 3.18%；表示不满意的有 6 户，占比 0.87%；表示不清楚的有 87 户，占比 12.57%。通过对比 2018 年和 2017 年调查拉萨市农牧民对政府在传染病防治方面采取措施的评价，农牧民满意度有一定程度的降低。2017 年调查中表示满意的有 689 户，占比 92.36%；表示一般的有 8 户，占比 1.07%；表示不满意的有 9 户，占比 1.21%；表示不清楚的有 40 户，占比 5.36%。关于对政府在人传染病防治方面采取措施的评价，2017 年、2018 年调查中表示满意的农牧民家庭占比分别为 92.36%、83.38%，表示不清楚的分别为 5.36% 和 12.57%。究其原因，一是农牧民公共卫生意识还有待加强，部分居民

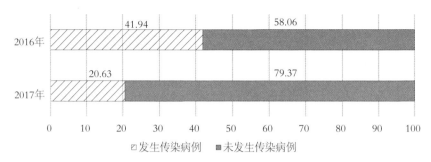

图 3-23　2016 年、2017 年拉萨市农牧区村镇
发生传染病例情况对比（单位：%）

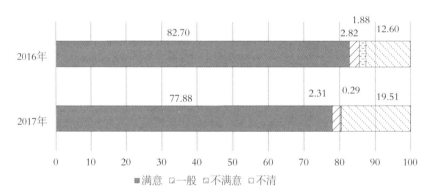

图 3-24　2016 年、2017 年拉萨市农牧区对政府在人传染病防治方面
采取措施或预防措施的满意度评价对比（单位：%）

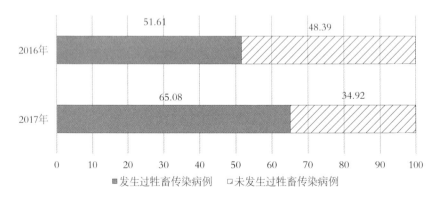

图 3-25　2016 年、2017 年拉萨市农牧区村镇发生
牲畜传染病例情况对比（单位：%）

注：2017 年调查（村）N=62；2018 年调查（村）N=63。

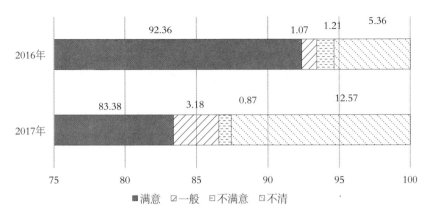

图 3-26 2016 年、2017 年拉萨市农牧民对政府在牲畜传染病防治
方面采取措施或预防措施的评价对比（单位：%）

对此方面的政策完全不知情；二是农牧民生产生活较为严重地依赖牲畜，对于政府在此方面的工作更加地关心和了解；三是关于传染病防治的宣传还有待加强。

五、食品安全

拉萨市农牧民日常消费来源情况如图 3-27 所示。调查结果显示，2017 年自家种植养殖与市场上购买各半是居民日常生活食品的主要来源，占 51.59%（357 户）；其次是仅从市场购买、仅自家种养殖，分别占 24.71%（171 户）和 20.52%（142 户）。相比 2016 年，食品来源的市场化程度提高了很多。2016 年，市场的供给是农牧民日常食品消费最主要的来源，约 40%（294 户）的受访家庭表示食品消费完全依赖市场；农牧民日常食品消费同样普遍依赖自家种植与养殖，其中，22.92%（171 户）的受访居民家庭表示在食品方面几乎不进入市场而是完全依靠自家的农作物种植与牲畜养殖来提供，另有 36.06%（269 户）的受访家庭表示有约一半的日常食品消费也是通过自家的农业生产获取。与其他地区相比，西藏自治区地处高海拔高寒地区，地广人稀，农业生产的社会化分工并不充分，其农牧业地区经济市场化程度有待提高。

农牧民对购买食品的安全性满意度评价如图 3-28 所示。2018 年受访的 692 户家庭中表示满意的有 520 户，占比 75.15%；表示一般的有 147 户，占比 21.24%；表示不满意的有 25 户，占比 3.61%。相比 2016 年，2017 年被访家庭对食品安全的不满意度降低。2017 年被访问的 746 户农牧民中有 737 户被访户做了评价，表示满意的有 593 户，占比 80.47%；表示一般的有 87 户，占比 11.80%；表示不满意的有 57 户，占比 7.73%。

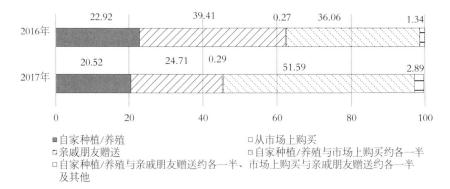

图 3-27 2016 年、2017 年拉萨市农牧民日常消费食品来源情况（单位：%）

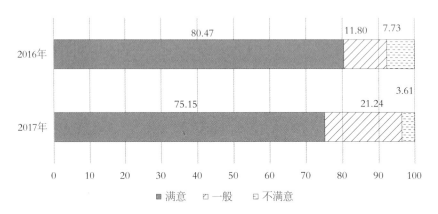

图 3-28 2016 年、2017 年拉萨市农牧民对购买食品的
安全性满意度评价对比（单位：%）

六、居民对政府办事效率和态度的满意度

农牧民对政府的行政办事效率满意度的调查结果显示，被访问的692户中表示满意的有556户（占比80.34%），表示一般的有82户（占比11.85%），表示不满意的有15户（占比2.17%），表示不清楚的有39户（占比5.64%）。关于农牧民对政府的行政办事态度满意度的调查结果显示，被访问的692户中表示满意的有577户（占比83.38%），表示一般的有64户（占比9.25%），表示不满意的有15户（占比2.17%），表示不清楚的有36户（占比5.20%）。总体来看，拉萨市农牧民对于政府行政服务满意度较高，如图3-29所示。

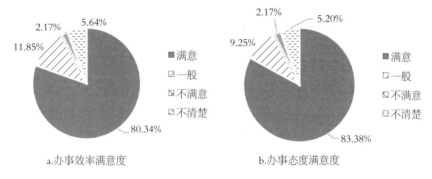

a.办事效率满意度　　　　　　b.办事态度满意度

图3-29　2017年拉萨市农牧区对政府办事
效率和办事态度满意度评价

第四节　生态文明

党的十九大报告指出，建设生态文明是中华民族永续发展的千年大计。西藏地处青藏高原，是世界屋脊、亚洲水塔、地球第三极，是我国重要的生态安全屏障和战略资源储备基地，是中华民族特色文化重要保护地，生态文明建设必须放在突出位置。建设生态文明，关系人民福祉，关系民族未来。本节分析了拉萨市农牧民日常能源方式的选择状

况、电力供给状况、生活垃圾的处理和周边生活环境状况等，并分析农牧民使用手机、微信等现代通信工具的情况。

一、生活能源选择及居民满意度

拉萨市农牧区家庭日常生活能源仍以牛粪为主。调查数据显示，2017 年拉萨市农牧区选择牛粪为日常做饭和取暖使用的家庭占比 90.75%，其次是天然气煤气、木材树枝和电，占比分别为 55.92%、41.18% 和 24.57%，如图 3-30 所示。由于传统观念和客观条件影响，牛粪在农牧民家庭日常生活中依然扮演着举足轻重的角色。与 2016 年相比，拉萨市农牧区将牛粪作为日常主要能源的家庭占比下降，使用木材树枝、天然气煤气为日常主要能源的家庭占比上升。

尽管传统能源仍是主要的日常生活能源之一，但农牧民对家庭能源方式满意度高。2018 年调查数据显示，2017 年拉萨市农牧民对家庭使用能源方式表示满意的占比 93.79%，较 2016 年时上升 0.35 个百分点；表示一般的占比 5.78%，上升 0.55 个百分点；仅有 0.43% 的农牧民表示对家庭使用能源方式不满意，这一比例有所下降，如图 3-31所示。

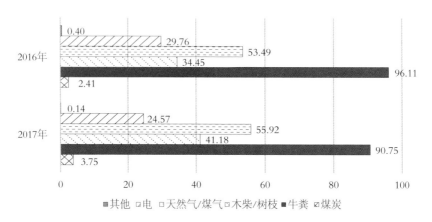

图 3-30　2016 年、2017 年拉萨市农牧民家庭日常生活能源
方式选择情况比较（多选）（单位：%）

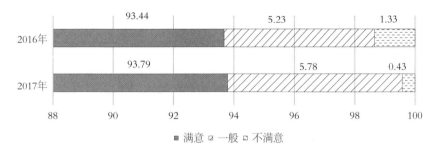

图 3-31　2016 年、2017 年拉萨市农牧民家庭源方式满意度（单位：%）

　　拉萨市农牧区家庭的日常生活能源选择方式以传统的生物质燃料为主，且采用较为粗放的直接燃烧利用方式，生物质燃料的利用率和能量的转化利用率较低，这给农牧户的室内空气造成一定的影响。随着拉萨市社会经济进一步发展和农牧民收入增加，家电和清洁节能产品的普及程度也会相应提高。

二、电网覆盖情况及居民对用电稳定性的满意度

　　农村享受普遍的电力服务是基础设施领域一项重要的公共政策，它对西藏农牧区经济、生态环境、社会生活及民族团结具有重要的现实意义。调查数据显示，2017 年拉萨市农牧区有 99.28% 的家庭用电来自国家电网供电，占比较 2016 年进一步提升；0.58% 家庭采用自家太阳能电池供电，如图 3-32 所示。近年来，西藏加快农村电网发展，着力解决农牧区缺电问题，全面实施"户户通电"和农村电网改造升级工程，建成安全可靠、经济合理、坚固耐用的现代化农村电网，为促进西藏全面建设小康社会提供坚强的电力支撑。

　　拉萨市农牧民对电网用电的稳定性满意程度保持在较高水平。据 2018 年调查数据，拉萨市农牧区有 84.86% 的家庭对电网用电稳定性表示满意，保持在较高水平，但这一比例较 2017 年调查情况略有下降；表示一般和不满意的居民比例略有上升，如图 3-33 所示。

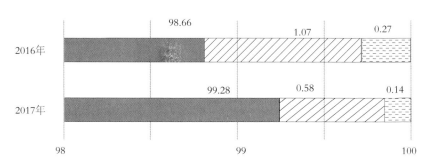

图 3-32　2016 年、2017 年拉萨市农牧民主要用电的来源渠道（单位：%）

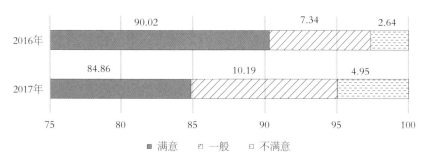

图 3-33　2016 年、2017 年拉萨市农牧民对电网的
用电稳定性满意度（单位：%）

三、生活垃圾处理方式及居民对垃圾处理的满意度

随着社会经济的发展，拉萨市农牧民的生活水平不断提高，生活垃圾规范处理是农牧民生活水平改善的重要环节。2017 年 80.63% 的农牧区受访家庭获得政府提供的生活垃圾收集与集中处理的公共服务，与2016 年相比上升了 8.24 个百分点；自家随意处理的比例由 2016 年的22.79% 下降到了 2017 年的 3.03%，如图 3-34 所示。

拉萨市农牧区生活垃圾的产生具有明显的地域性、季节性特征，和当地的居民消费水平、生活方式等有着密切联系，垃圾主要包括包装袋、塑料袋、电池、农药瓶等。这类垃圾量随着农牧区和城乡一体化的发展，对农牧区生态环境潜在的危害性较大。政府采取集中处理、日产日清的方式进行处理，基本建立农牧区生活垃圾"户集、村收、县乡集中处理"的长效运行管理机制，进一步改善农牧区环境卫生状况，提高农牧区环境质量。如图 3-35 所示，2018 年调查拉萨市农牧区 91.33% 的家庭对日常垃圾处理满意，5.78% 的家庭表示一般，2.89% 的家庭表示不满意。

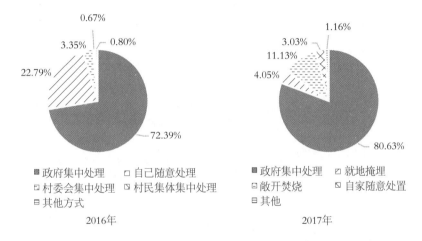

图 3-34　2016 年、2017 年拉萨市农牧民生活垃圾处理途径

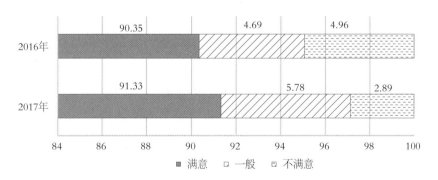

图 3-35　2016 年、2017 年拉萨市农牧民日常的
垃圾处理满意度（单位：%）

四、污水排放方式

加强拉萨市农牧区污水处理设施运行监管，充分发挥农牧区污水处理设施的作用，这关系到拉萨市农牧区的生态环境和广大人民群众的切身利益。拉萨市农牧民在生活污水排放方面取得了明显改进，如图3-36所示，2017年拉萨市农牧区有21.68%的家庭利用村镇污水排放系统的公共资源，与2016年的8.31%相比有很大进步，增加了13.37个百分点。2016年，高达91.69%的受访家庭单独排放自家生活污水，这一比例在2017年已下降到74.42%。

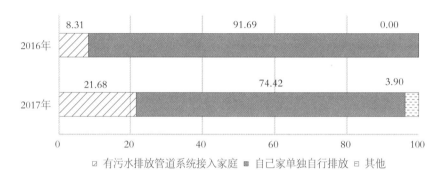

图3-36　2016年、2017年拉萨市农牧民
生活污水排放模式（单位：%）

五、农牧区厕所普及程度

厕所问题是事关居民生活福祉的重要方面。2017年拉萨市农牧区68.06%的受访家庭有自家修建的旱厕，6.79%的受访家庭有自家修建的冲水厕所，使用公共厕所的仍然不足1%，没有厕所的受访家庭从2016年的30.29%下降到23.12%，如图3-37所示。目前，拉萨市城乡之间发展不平衡的现象依然存在，普遍存在公共厕所数量不够、配套不足、管理不善等问题，特别是在农牧区，绝大多数农牧民还在使用露天旱厕，卫生环境不容乐观。针对这些问题，西藏自治区党委、政府坚持把

人民群众的需求放在第一位，把"厕所革命"作为乡村振兴战略的一项
具体工作来推进，努力补齐这块影响群众生活品质的短板。为统一规范
厕所建设，制订全区厕所设计方案，编制《西藏自治区"公共厕所革
命"技术导则》《全区七市地厕所革命设计方案》《全区公共厕所革命规
划选址意见》《全区公共厕所规划建设标准》等，指导各市地开展工作。
农牧区主要采取政府引导、农牧民自愿、社会参与、梯次推进的工作思
路，逐步推广家用卫生厕所并适当配建公共厕所，引导农牧民改变传统
卫生习惯。"厕所革命"逐步改善了西藏公共厕所规划不健全、供给数
量少、建设品质低和运营管理差的境况，同时对优化西藏旅游环境、加
快生态文明建设、构建世界旅游目的地和提升城乡文明形象具有重大
意义。

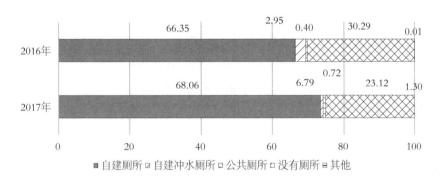

图 3-37 2016 年、2017 年拉萨市农牧民
使用的厕所（单位：%）

六、居民对周边环境的满意度

为更加深入地了解和掌握农牧民对周边环境的满意度及其诉求，为
政府更有针对性地改善农村环境、发挥农村生态环境优势提供决策建
议，我们调查了农牧民对家周边环境状况的满意度。2018 年调查数据
显示，拉萨市农牧区 89.45% 的家庭表示满意，即农牧民对当前周边生
态环境总体状况认为良好，认为近年来农村生态环境总体有改善，并认

为近年来政府在农村污染防治和生态环境建设中采取了措施并取得了一定工作成效；表示一般和不满意的家庭分别占比 9.39% 和 1.16%。部分农牧民认为还存在一些突出的问题，如生活污水污染、农村工业污染、垃圾固废污染、畜禽粪便污染等。

让人民群众在良好生态环境中生产生活，是建设生态文明的根本出发点和落脚点。近年来，拉萨市因地制宜、精准施策，根据各地各村实际情况，统筹有序强化环境保护，系统实施农村环境综合治理，对 95 个行政村（居）进行了人居环境综合整治，农牧区生态环境不断向好。

七、居民手机使用普及程度

随着通信手段日益丰富和通信技术不断革新，手机已经成为居民日常生活和工作不可或缺的一部分。与此同时，固定电话由于其功能有限和携带不方便性，逐渐退出通信的"大舞台"。2018 年调查拉萨市受访农牧民中使用手机的人数占 89.74%，仅有 10.26% 的受访农牧民不使用手机，这一少部分人大都是年龄偏大、文化程度较低的老年人。家庭使用座机情况与平常使用手机情况形成鲜明对比，只有 7.37% 的受访家庭使用座机，高达 92.63% 的受访家庭家中没有座机，如图 3–38 所示。手机正在全面取代固定电话，许多家庭已经停止使用。

手机的快速普及影响着农牧民生活的方方面面，不仅为居民提供大量信息，也实现了信息的快速传播。拥有手机设备的居民除了使用其基本的通话功能以外，不少人还作为娱乐工具，且使用手机上网的人也越来越多。2018 年调查拉萨市农牧区受访对象的家人中有 71.82% 经常使用手机，24.71% 偶尔使用，3.47% 不用；与此同时，45.52% 的受访对象的家人中经常使用微信，31.07% 偶尔使用，23.41% 不用，如图 3–39 所示。对于手机的接受和使用情况，受访农牧民年龄分层差异特别明显。由于中老年农牧民使用手机的通话功能为主，这也导致中老年农牧民在使用手机获取信息时存在一定的困难。

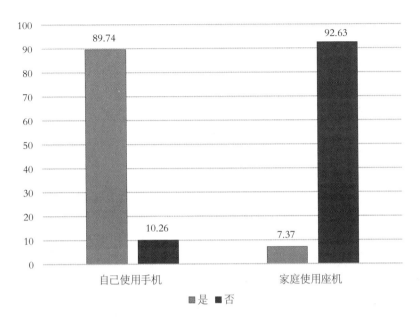

图 3-38 2017 年拉萨市农牧民自己平常使用手机和
家庭使用座机情况（单位：%）

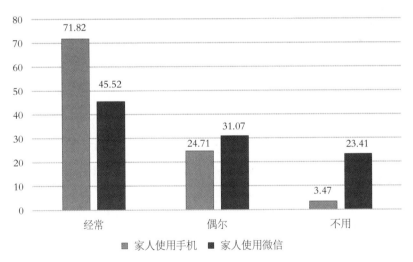

图 3-39 2017 年拉萨市农牧民家人使用手机和微信情况（单位：%）

第五节　结论与建议

随着西藏社会经济发展和扶贫工作不断深入，拉萨市农牧民生活状况持续改善。2017年拉萨市约四成农牧民家庭收入增加，且增收家庭占比相对上升。拉萨市农牧区多数家庭2017年总消费和货币支出较2016年增加，但年总消费和货币支出增加的家庭占比较2016年有所下降，且家庭收入的增减是影响货币支出变化的重要因素。与工作满意度较高类似，拉萨市农牧民对住房也表现出较高的满意程度。住房保障是居民生活保障的重要组成部分，调查数据显示，2017年拉萨市农牧区绝大多数家庭住房是自家所有，且自有住房满足家人居住情况总体良好。拉萨市农牧区有约四分之一家庭没有成员去寺庙，有超过九成家庭没有成员有远行朝拜出行的经历。

伴随中央政府对西藏财政投入力度加大、援助省份和中央企业等援藏力度增加，西藏各地公共服务供给数量和质量都不断地上升。从教育、医疗、社会保障和公共交通等公共服务情况来看，拉萨市农牧民民生保障程度较高。农牧民对学校正规教育的接受程度和对义务教育的满意度都较高。乡镇和村级基层医疗卫生服务机构是多数农牧民就医首选，基层医疗卫生服务机构的作用突出且居民对其满意度高；与基层机构相对应，县医院可提供技术更先进、医诊更全面的医疗服务，是基层医疗卫生服务的重要补充。拉萨市农牧民对政府提供社会保障的满意度较高，近九成居民获得过政府提供的农业或牧业补贴。此外，尽管拉萨市农牧民对本村/乡镇道路满意度较高，但对公共交通工具和村内部道路方面仍有较大需求。

拉萨市农牧区发生过生产安全事故的家庭比例保持在低位，且发生区域相对集中。仍有超过两成的家庭在2017年受过自然灾害影响，但农牧民对政府应对或预防自然灾害所采取措施的满意度较高。农牧区发

生治安安全事件的情况罕见，2017 年拉萨市农牧区约两成家庭所在村 /
乡镇有发生过人传染病例，有六成以上家庭所在村 / 乡镇发生过牲畜传
染病例。拉萨市农牧民对政府在传染病防治方面的满意度不低，但传染
病问题仍是影响拉萨市农牧区民生改善的因素之一。拉萨市农牧民对食
品安全和政府办事效率、态度的满意度总体较高，且无论从使用的覆盖
面还是使用的频率来看，手机这种现代通信工具在拉萨市农牧区已得到
普及。

　　居民在生活能源方式选择方面仍较多地使用传统能源，但拉萨市农
牧区电网覆盖面广，农牧民家庭对能源方式、用电稳定性已有较高的满
意度。拉萨市农牧区多数家庭获得政府提供的生活垃圾收集与集中处理
服务，但污水排放管道系统接入率不高、公共厕所供给不足和家庭冲水
厕所覆盖面窄等问题依然存在。

　　基于上述分析，建议继续加大乡镇和村级医疗卫生服务机构建设
力度，进一步促进基层医疗卫生机构在拉萨市农牧区发挥更大作用；加
强农牧区人、畜各类传染病防治工作；加大农牧区人居环境优化和有关
基础设施建设力度，包括排污系统建设、公共厕所建设、家庭厕所革
新等。

第四章

拉萨市农牧区民生状况关联分析

民生所包含的各维度并非孤立的，影响居民日常生活各方面的因素可能相关甚至相互影响，对拉萨农牧区民生状况的把握也须关注关联视角。本章从民生所包含的居民生活、公共服务、公共安全和生态文明四个维度入手，分析 2017 年拉萨市农牧区民生各维度之间可能的关联情况。

第一节　居民生活

一、不同类型家庭收入变化的差异

家庭农牧业类型可能是影响家庭收入变化的重要因素，基于对应分析和列联表分析可见，拉萨市农牧区中纯农、纯牧、半农半牧、非农非牧四种类型家庭年收入变化呈现一定差异，如图 4–1 和表 4–1 所示。

一是纯农家庭年收入减少的风险相对更大。在各类型家庭中，年收入减少占比最高的是纯农家庭(9.43%)，其后依次是纯牧家庭(8.97%)、半农半牧家庭（8.11%）和非农非牧家庭（6.25%）。

二是纯牧家庭年收入相对更趋稳定。在各类型家庭中，年收入较上年保持不变占比最高的是纯牧家庭（54.49%），其他类型家庭中年收入保持不变家庭占比均低于50%，如表4–1所示。

三是非农非牧家庭相对更不清楚家庭年收入变化情况。在各类型家庭中，从表示不清楚年收入变化情况的家庭占比来看，非农非牧家庭最高（8.04%），其后依次是纯牧家庭（5.13%）、半农半牧家庭（4.05%）和纯农家庭（2.57%）。

由于农业、牧业生产具有相对稳定的特性，纯农家庭、纯牧家庭年收入以稳定为主是符合预期的。由于纯农家庭在全部家庭中总比重较高（50.59%），且纯农家庭不清楚家庭收入变化的情况较少，因此，就年收入减少的家庭占比而言，纯农家庭占比略高于其他类型家庭。半农半牧家庭兼顾两种不同方式的生产，这可能对降低总的生产风险有积极作用，因此，家庭增收的可能性更高。非农非牧家庭更可能从事临时性工作或外出务工，表示不清楚家庭年收入变化情况可能是受访者没有稳定收入来源，或因务工收入不稳定而无法将年收入与2016年准确比较，

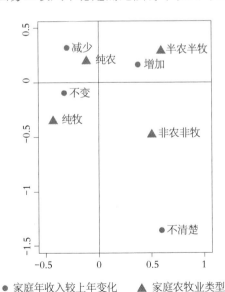

图 4–1　2017 年家庭类型（务农或放牧）与家庭年收入较 2016 年
　　　　变化情况的对应分析

也不排除其有相对农牧业较高的务工收入而未明确回答的可能性。

表 4-1　2017 年不同农牧业类型家庭年收入较 2016 年变化情况

2017 年收入较 2016 年变化		家庭类型				合计
		纯农	纯牧	半农半牧	非农非牧	
增加	家庭数（户）	141	49	38	50	278
	占全部类型家庭比重（%）	50.71	17.63	13.67	17.99	100.00
	占各类收入变化比重（%）	40.29	31.41	51.35	44.64	40.17
不变	家庭数（户）	167	85	27	46	325
	占全部类型家庭比重（%）	51.39	26.15	8.31	14.15	100.00
	占各类收入变化比重（%）	47.71	54.49	36.49	41.07	46.97
减少	家庭数（户）	33	14	6	9	62
	占全部类型家庭比重（%）	55.00	23.33	10.00	11.67	100.00
	占各类收入变化比重（%）	9.43	8.97	8.11	6.25	8.67
不清楚	家庭数（户）	9	8	3	9	29
	占全部类型家庭比重（%）	31.03	27.60	10.34	31.03	100.00
	占各类收入变化比重（%）	2.57	5.13	4.05	8.04	4.19
合计	家庭数（户）	350	156	74	112	692
	占全部类型家庭比重（%）	50.59	22.54	10.69	16.18	100.00
	占各类收入变化比重（%）	100.00	100.00	100.00	100.00	100.00

注：2018 年调查 N=692。除特别说明外，本章其他图表与此相同。

二、不同规模家庭收入变化的差异

　　劳动力仍是农牧区家庭获得收入的重要影响因素，随着家庭规模增大，家庭收入较上年增加的可能性上升。调查数据显示，2017 年拉萨市农牧区家庭规模超过 6 人的家庭中，与 2016 年相比，年收入增加的家庭占比达到 53.21%，这一比例明显高于家庭规模在 5—6 人（38.68%）、3—4 人（36.21%）和 1—2 人（30.86%）的家庭。

三、居民对家庭年收入满意度

拉萨市农牧民对家庭年收入情况总体满意,纯牧家庭满意度相对较低。调查数据显示,拉萨市农牧区对2017年家庭年收入表示满意和一般的家庭占比分别是58.39%和35.69%,仅有5.92%的家庭表示不满意家庭年收入,如图4-2所示。相对而言,纯牧家庭对年收入情况不满意的比例更高,有11.54%的纯牧家庭明确表示不满意家庭年收入,非农非牧家庭、纯农家庭和半农半牧家庭中不满意年收入的家庭占比分别是7.14%、4.00%和1.35%。

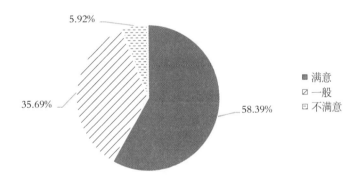

图4-2 拉萨市农牧民家庭年收入满意情况

四、家庭货币支出与收入变化的关系

家庭年收入与年货币支出有紧密联系,经济学理论认为,在其他条件一定的情况下,支出由收入决定。图4-3是家庭年收入变化情况与家庭年货币支出变化情况的对应分析结果,以此对拉萨市农牧区家庭收入与支出之间的关系进行检验。统计分析结果显示,拉萨市农牧区家庭年(货币)支出变化情况与年收入变化情况相关性极高,收入增加的家庭其货币支出也更可能增加。具体而言,不同支出变化的家庭中,收入增加家庭占比最高的即是货币支出增加的家庭(44.32%);收入不变家庭

占比最高的即是货币支出不变的家庭（58.2%），收入减少家庭占比最高的也是货币支出减少的家庭（21.05%），如表4-2所示。

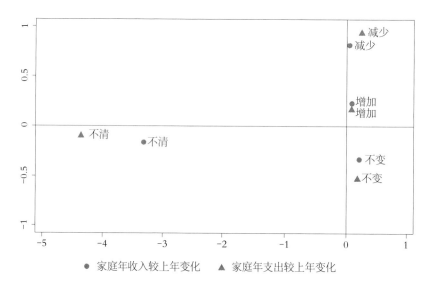

图4-3 家庭年收入变化情况与家庭年（货币）支出变化情况的对应分析

表4-2 家庭年收入变化情况与家庭年（货币）支出变化情况列联表

2017 年货币收入较 2016 年变化		货币支出较上年变化			
		增加	不变	减少	合计
增加	家庭数（户）	199	68	7	274
	占货币收入变化的比重（%）	72.63	24.82	2.55	100.00
	占货币支出变化的比重（%）	44.32	35.98	36.84	41.70
不变	家庭数（户）	206	110	8	324
	占货币收入变化的比重（%）	63.58	33.95	2.47	100.00
	占货币支出变化的比重（%）	45.88	58.20	42.11	49.32
减少	家庭数（户）	44	11	4	59
	占货币收入变化的比重（%）	74.58	18.64	6.78	100.00
	占货币支出变化的比重（%）	9.80	5.82	21.05	8.98

2017 年货币收入较 2016 年变化		货币支出较上年变化			
		增加	不变	减少	合计
合计	家庭数（户）	449	189	19	657
	占货币收入变化的比重（%）	68.34	28.77	2.89	100.00
	占货币支出变化的比重（%）	100.00	100.00	100.00	100.00

注：2018 年调查 N=657，省去了存在缺失值的个案。

五、不同类型家庭居住方式的差异

不同类型家庭居住方式可能存在较大差异。由表 4-3 可见，在不同类型家庭中，纯牧家庭表示自有住房够家人居住的家庭占比最低（74.00%），非农非牧家庭表示自有住房够家人居住的家庭占比最高（93.00%）。一般情况下，纯牧家庭规模大于其他类型家庭，这可能是导致纯牧家庭自有住房够住情况相对不好的原因。统计分析结果表明，在不同规模家庭中，规模为 1—2 人、3—4 人、5—6 人、6 人以上的家庭中，自有住房够家人居住的家庭占比分别为 94.52%、86.09%、80.60%、72.55%，也即家庭规模越大自有住房不够家人居住的情况越多。

表 4-3　不同类型家庭自有住房满足家庭成员居住情况

自有住房是否够家人居住		家庭类型				
		纯农	纯牧	半农半牧	非农非牧	合计
够住	家庭数（户）	275	111	61	93	540
	占自有住房是否够住比重（%）	50.92	20.56	11.30	17.22	100.00
	占家庭类型的比重（%）	82.34	74.00	83.56	93.00	82.19

续表

自有住房是否够家人居住		家庭类型				
		纯农	纯牧	半农半牧	非农非牧	合计
不够	家庭数（户）	59	39	12	7	117
	占自有住房是否够住比重（%）	50.43	33.33	10.26	5.98	100.00
	占家庭类型的比重（%）	17.66	26.00	16.44	7.00	17.81
合计	家庭数（户）	334	150	73	100	657
	占自有住房是否够住比重（%）	50.84	22.83	11.11	15.22	100.00
	占家庭类型的比重（%）	100.00	100.00	100.00	100.00	100.00

注：2018 年调查 N=657，Pearson chi2（4）=14.9563，Pr=0.002。

第二节 公共服务

一、居民义务教育满意度与接受正规教育关系

拉萨市农牧民家庭中是否有成员正在学校接受正规教育，与其对义务教育满意度的高低有显著的正相关关系。由表 4-4 可以看出，所有对义务教育表示不同满意度的居民中，有家人接受学校正规教育的居民对义务教育表示满意、一般、不清楚者占比依次递减，分别是 77.53%、68.75% 和 22.73%；所有对义务教育表示不同满意度的居民中，无家庭成员在学校接受正规教育的居民对义务教育表示不清楚、一般和满意者占比依次递减，分别是 77.27%、31.25% 和 22.47%。无家庭成员在学校接受正规教育的居民对义务教育满意度为一般和不清楚，可能与其对学校教育缺乏了解有关系。

表 4-4 家庭成员是否接受学校正规教育与对义务教育满意程度列联表分析

家里目前是否有成员在学校接受正规教育		对义务教育满意度			
		满意	一般	不清楚	合计
是	家庭数（户）	490	11	10	511
	占全部家庭比重（%）	95.89	2.15	1.96	100.00
	占全部满意度比重（%）	77.53	68.75	22.73	73.84
否	家庭数（户）	142	5	34	181
	占全部家庭比重（%）	78.45	2.76	18.79	100.00
	占全部满意度比重（%）	22.47	31.25	77.27	26.16
合计	家庭数（户）	632	16	44	692
	占全部家庭比重（%）	91.33	2.31	6.36	100.00
	占全部满意度比重（%）	100.00	100.00	100.00	100.00

二、不同规模家庭接受正规教育情况的差异

家庭中成员人数越多，家庭有成员接受学校正规教育的可能性越大，拉萨市农牧区情况也符合这一规律。据调查数据统计分析结果，对所有居民而言，家庭规模为 6 人以上、4—6 人、2—4 人和 1—2 人的家庭中有成员在学校接受正规教育的占比依次递减，分别是 83.33%、82.55%、69.14% 和 46.91%。家庭规模越大，有教育需求的成员数量可能越多，相应地接受学校正规教育的可能性越大。

三、不同消费变化家庭接受正规教育情况的差异

年总消费增加的家庭，相对而言更可能有家庭成员正在接受学校正规教育。据统计分析结果，拉萨市农牧区家庭中，2017 年有家庭成员接受学校正规教育的家庭，年总消费提高的占比最高，为 79.76%，家庭年总消费不变、降低和不清楚的家庭占比较低，分别是 67.08%、57.89% 和 52.17%，如表 4-5 所示。虽然学校正规教育包括免费的义务教育，但是也包括高等教育等非在义务教育范围内的学历教育，家庭消

费的提高很可能与家庭成员教育支出有关，家庭规模、家庭教育支出、家庭总消费三者具有同向相关关系。

表 4-5　2017 年消费变化家庭有成员在学校接受正规教育情况

家里目前是否有成员在学校接受正规教育		家庭年总消费较 2016 年变化				
		提高	不变	降低	不清楚	合计
是	家庭数（户）	327	161	11	12	511
	占全部家庭比重（%）	63.99	31.51	2.15	2.35	100.00
	占全部年总消费变化比重（%）	79.76	67.08	57.89	52.17	73.84
否	家庭数（户）	83	79	8	11	181
	占全部家庭比重（%）	45.85	43.65	4.42	6.08	100.00
	占全部年总消费变化比重（%）	20.24	32.92	42.11	47.83	26.16
合计	家庭数（户）	410	240	19	23	692
	占全部家庭比重（%）	59.25	34.68	2.75	3.32	100.00
	占全部年总消费变化比重（%）	100.00	100.00	100.00	100.00	100.00

四、不同类型家庭居民医疗服务满意度的差异

拉萨市农牧民家庭农牧业类型与本村/乡镇卫生所或医院医疗服务满意程度有显著关系。由表 4-6 可见，从乡镇医疗服务满意程度来看，半农半牧家庭和纯农家庭在乡镇医疗服务表示满意的家庭中占比最高，分别达 86.49% 和 85.43%，在明确表示不满意的家庭中，半农半牧家庭占比为 0%。

表 4-6　不同农牧业类型家庭与本村/乡镇卫生所或
医院医疗服务满意程度列联表分析

本村/乡镇卫生所或医院医疗服务满意程度		家庭类型				合计
		纯农	纯牧	半农半牧	非农非牧	
满意	家庭数（户）	299	129	64	85	577
	占全部类型家庭比重（%）	51.82	22.36	11.09	14.73	100.00
	占乡镇医疗服务满意程度比重（%）	85.43	82.69	86.49	75.89	83.38

本村/乡镇卫生所或医院医疗服务满意程度		家庭类型				合计
		纯农	纯牧	半农半牧	非农非牧	
一般	家庭数（户）	34	17	8	10	69
	占全部类型家庭比重（%）	49.28	24.64	11.59	14.49	100.00
	占乡镇医疗服务满意程度比重（%）	9.71	10.90	10.81	8.93	9.97
不满意	家庭数（户）	7	6	0	3	16
	占全部类型家庭比重（%）	43.75	37.50	0.00	18.75	100.00
	占乡镇医疗服务满意程度比重（%）	2.00	3.85	0.00	2.68	2.31
不清楚	家庭数（户）	10	4	2	14	30
	占全部类型家庭比重（%）	33.33	13.33	6.67	46.67	100.00
	占乡镇医疗服务满意程度比重（%）	2.86	2.56	2.70	12.50	4.34
合计	家庭数（户）	350	156	74	112	692
	占全部类型家庭比重（%）	50.58	22.54	10.69	16.18	100.00
	占乡镇医疗服务满意程度比重（%）	100.00	100.00	100.00	100.00	100.00

五、不同类型家庭对补贴满意情况的差异

拉萨市农牧民家庭农牧业类型与2017年从政府获得各种补贴满意程度有显著关系。由表4-7可见，拉萨市农牧区各类家庭中，半农半牧家庭在对2017年政府提供的各种补贴表示满意的家庭中占比最高，达95.95%，且不存在对政府各种补贴不满意和不清楚。

表4-7 不同农牧业类型家庭与2017年从政府获得各
种补贴满意程度列联表分析

2017年从政府获得各种补贴满意程度		家庭类型				合计
		纯农	纯牧	半农半牧	非农非牧	
满意	家庭数（户）	296	129	71	87	583
	占全部类型家庭比重（%）	50.77	22.13	12.18	14.92	100.00
	占政府提供补贴满意程度比重（%）	84.57	82.69	95.95	77.68	84.25

2017 年从政府获得各种补贴满意程度		家庭类型				合计
		纯农	纯牧	半农半牧	非农非牧	
一般	家庭数（户）	24	16	3	12	55
	占全部类型家庭比重（%）	43.64	29.09	5.45	21.82	100.00
	占政府提供补贴满意程度比重（%）	6.86	10.26	4.05	10.71	7.95
不满意	家庭数（户）	1	3	0	1	5
	占全部类型家庭比重（%）	20.00	60.00	0.00	20.00	100.00
	占政府提供补贴满意程度比重（%）	0.29	1.92	0.00	0.89	0.72
不清楚	家庭数（户）	29	8	0	12	49
	占全部类型家庭比重（%）	59.17	16.33	0.00	24.49	100.00
	占政府提供补贴满意程度比重（%）	8.29	5.13	0.00	10.71	7.08
合计	家庭数（户）	350	156	74	112	692
	占全部类型家庭比重（%）	50.59	22.54	10.69	16.18	100.00
	占政府提供补贴满意程度比重（%）	100.00	100.00	100.00	100.00	100.00

可以看出：第一，与其他农牧业类型家庭相比，非农非牧家庭更不清楚政府提供的各种补贴。由表4-7可见，各类型家庭中对2017年从政府获得各种补贴不清楚的家庭占比最高的是非农非牧家庭（10.71%），其后依次是纯农家庭（8.29%）和纯牧家庭（5.13%）。第二，各类型家庭中对政府补贴表示一般的家庭占比最高的是非农非牧家庭（10.71%），其后依次为纯牧家庭（10.26%）、纯农家庭（6.86%）和半农半牧家庭（4.05%）。第三，各类型家庭中对2017年从政府获得各种补贴不满意的家庭占比最高的是纯牧家庭（1.92%），总体上各类型家庭对2017年从政府获得各种补贴不满意的家庭占比均不足2%。第四，对2017年从政府获得各种补贴表示满意占比最高的是半农半牧家庭（95.95%），其后依次是纯农家庭（84.57%）、纯牧家庭（82.69%）和非农非牧家庭（77.68%）。

政府对农牧民提供的各种补贴在保障农牧民生活中起到了一定作

用。这有利于维护西藏社会稳定，保护高原生态环境。非农非牧家庭居民不涉及农业和牧业两种生产方式，因此，相对其他类型家庭从政府获得各种补贴较少或对政策不清楚，进而对农牧民提供的各种补贴满意度占比相对较低（77.68%）。

六、义务教育满意度与道路状况满意度关系

本村／乡镇的道路状况满意度与政府提供的义务教育满意度关系明显。由表4-8可见：第一，对政府提供的义务教育满意度越高，农牧民对本村／乡镇的道路状况满意度也更高。对政府提供的义务教育表示满意的人中，对本村／乡镇的道路状况表示满意的占比最高，达92.64%。第二，对政府提供的义务教育表示不清楚，农牧民相应对本村／乡镇的道路状况不满意度最高。对政府提供的义务教育表示不清楚的人中，对本村／乡镇的道路状况表示不满意的占比最高，达13.64%。

表4-8　本村／乡镇的道路状况满意度与政府提供的
义务教育满意度列联表分析

政府提供的义务教育满意度		本村／乡镇的道路状况满意度			合计
		满意	一般	不满意	
满意	家庭数（户）	453	106	73	632
	占本村／乡镇的道路状况满意度比重（%）	71.68	16.77	11.55	100.00
	占政府提供的义务教育满意度比重（%）	92.64	92.17	82.95	91.33
一般	家庭数（户）	10	3	3	16
	占本村／乡镇的道路状况满意度比重（%）	62.50	18.75	18.75	100.00
	占政府提供的义务教育满意度比重（%）	2.04	2.61	3.41	2.31
不清楚	家庭数（户）	26	6	12	44
	占本村／乡镇的道路状况满意度比重（%）	59.09	13.64	27.27	100.00
	占政府提供的义务教育满意度比重（%）	5.32	5.22	13.64	6.36
合计	家庭数（户）	489	115	88	692
	占本村／乡镇的道路状况满意度比重（%）	70.66	16.62	12.72	100.00
	占政府提供的义务教育满意度比重（%）	100.00	100.00	100.00	100.00

七、医疗服务满意度与道路状况满意度关系

本村 / 乡镇卫生所或医院提供的医疗服务与本村 / 乡镇道路状况满意度关系明显。由表4–9可见，从对目前本村 / 乡镇卫生所或医院提供的医疗服务满意度来看，对医疗服务满意的居民，对本村 / 乡镇的道路状况满意的占比最高，达85.48%。对本村 / 乡镇卫生所或医院提供的医疗服务不满意的居民，对本村 / 乡镇道路状况不满意度最高，达50.00%。

表4–9　本村 / 乡镇卫生所或医院提供的医疗服务与
本村 / 乡镇道路状况满意度列联表

| | 对目前本村 / 乡镇卫生所或医院
提供的医疗服务满意度 | 本村 / 乡镇的道路
状况满意度 | | | 合计 |
		满意	一般	不满意	
满意	家庭数（户）	418	96	63	577
	占本村 / 乡镇的道路状况满意度比重（%）	72.44	16.64	10.92	100.00
	占医疗服务满意度比重（%）	85.48	83.48	71.59	83.38
一般	家庭数（户）	44	14	11	69
	占本村 / 乡镇的道路状况满意度比重（%）	63.77	20.29	15.94	100.00
	占医疗服务满意度比重（%）	9.00	12.17	12.50	9.97
不满意	家庭数（户）	6	2	8	16
	占本村 / 乡镇的道路状况满意度比重（%）	37.50	12.50	50.00	100.00
	占医疗服务满意度比重（%）	1.23	1.74	9.09	2.31
不清楚	家庭数（户）	21	3	6	30
	占本村 / 乡镇的道路状况满意度比重（%）	70.00	10.00	20.00	100.00
	占医疗服务满意度比重（%）	4.29	2.61	6.82	4.34
合计	家庭数（户）	489	115	88	692
	占本村 / 乡镇的道路状况满意度比重（%）	70.66	16.62	12.72	100.00
	占医疗服务满意度比重（%）	100.00	100.00	100.00	100.00

八、养老保障满意度与道路状况满意度关系

对政府提供的养老保障满意程度与本村 / 乡镇道路状况满意程度关

系显著。由表 4-10 可见，对政府提供的养老保障满意度本村/乡镇道路状况满意度互相影响。对政府提供的养老保障满意的人，对本村/乡镇的道路状况表示满意的占比最高，达 85.07%；对政府提供的养老保障表示一般的居民，对本村/乡镇的道路状况也表示一般的占比最高，达 3.48%；对政府提供的养老保障表示不满意的人，对本村/乡镇道路状况表示不满意的程度最高，达 29.55%。

表 4-10　对政府提供的养老保障满意度与本村/乡镇道路状况满意度列联表

对政府提供的养老保障满意度		本村/乡镇的道路状况满意度			合计
		满意	一般	不满意	
满意	家庭数（户）	416	94	61	571
	占本村/乡镇的道路状况满意度比重（%）	72.86	16.46	10.68	100.00
	占政府提供的养老保障满意度比重（%）	85.07	81.74	69.32	82.51
一般	家庭数（户）	8	4	1	13
	占本村/乡镇的道路状况满意度比重（%）	61.54	30.77	7.69	100.00
	占政府提供的养老保障满意度比重（%）	1.64	3.48	1.14	1.88
不满意	家庭数（户）	65	17	26	108
	占本村/乡镇的道路状况满意度比重（%）	60.19	15.74	24.07	100.00
	占政府提供的养老保障满意度比重（%）	13.29	14.78	29.55	15.61
合计	家庭数（户）	489	115	88	692
	占本村/乡镇的道路状况满意度比重（%）	70.66	16.62	12.72	100.00
	占政府提供的养老保障满意度比重（%）	100.00	100.00	100.00	100.00

第三节　公共安全

一、不同类型家庭发生生产安全事故的差异

纯牧家庭相对更易发生生产安全事故。由表 4-11 可见，纯农家庭、纯牧家庭、半农半牧家庭和非农非牧家庭的生产安全事故发生率分别为 2.86%、5.13%、1.35% 和 2.68%。

表 4-11　不同农牧业类型家庭发生生产安全事故情况

		家庭类型				合计
		纯农	纯牧	半农半牧	非农非牧	
安全生产事故	各类型家庭数（户）	350	156	74	112	692
	发生生产安全事故的家庭（户）	10	8	1	3	22
	占各类家庭比重（%）	2.86	5.13	1.35	2.68	—
	占各全部类型家庭比重（%）	1.45	1.16	0.14	0.43	3.18

二、不同类型家庭遭遇自然灾害情况差异

纯农家庭和半农半牧家庭相对更易遭遇自然灾害。由表 4-12 可见，纯农家庭、纯牧家庭、半农半牧家庭和非农非牧家庭的自然灾害发生率分别为 24.57%、12.82%、24.32% 和 22.32%。

表 4-12　不同农牧业类型家庭发生自然灾害情况

		家庭类型				合计
		纯农	纯牧	半农半牧	非农非牧	
发生自然灾害	各类型家庭数（户）	350	156	74	112	692
	发生自然灾害的家庭（户）	86	20	18	25	149
	占各类家庭比重（%）	24.57	12.82	24.32	22.32	—
	占各全部类型家庭比重（%）	12.43	2.89	2.60	3.61	21.53

三、不同类型家庭发生治安安全事件差异

纯牧家庭和非农非牧家庭相对更易发生治安安全事件。由表 4-13 可见，纯农家庭、纯牧家庭、半农半牧家庭和非农非牧家庭的治安安全事件发生率分别为 1.71%、2.56%、1.35% 和 2.68%。

表4-13　不同农牧业类型家庭发生治安安全事件情况

<table>
<tr><td rowspan="2"></td><td rowspan="2"></td><td colspan="4">家庭类型</td><td rowspan="2">合计</td></tr>
<tr><td>纯农</td><td>纯牧</td><td>半农半牧</td><td>非农非牧</td></tr>
<tr><td rowspan="4">发生治安安全事件</td><td>各类型家庭数（户）</td><td>350</td><td>156</td><td>74</td><td>112</td><td>692</td></tr>
<tr><td>发生治安安全事件的家庭（户）</td><td>6</td><td>4</td><td>1</td><td>3</td><td>14</td></tr>
<tr><td>占各类家庭比重（%）</td><td>1.71</td><td>2.56</td><td>1.35</td><td>2.68</td><td>—</td></tr>
<tr><td>占各全部类型家庭比重（%）</td><td>0.87</td><td>0.58</td><td>0.14</td><td>0.43</td><td>2.02</td></tr>
</table>

四、不同类型家庭发生传染病和牲畜传染病情况差异

纯农家庭、半农半牧家庭中的传染病发生率更高。由表4-14可见，纯农家庭、纯牧家庭、半农半牧家庭和非农非牧家庭传染病发生率分别为2.86%、1.92%、2.70%和0.89%。

表4-14　不同农牧业类型家庭发生传染病情况

<table>
<tr><td rowspan="2"></td><td rowspan="2"></td><td colspan="4">家庭类型</td><td rowspan="2">合计</td></tr>
<tr><td>纯农</td><td>纯牧</td><td>半农半牧</td><td>非农非牧</td></tr>
<tr><td rowspan="4">传染病</td><td>各类型家庭数（户）</td><td>350</td><td>156</td><td>74</td><td>112</td><td>692</td></tr>
<tr><td>发生传染病的家庭（户）</td><td>10</td><td>3</td><td>2</td><td>1</td><td>16</td></tr>
<tr><td>占各类家庭比重（%）</td><td>2.86</td><td>1.92</td><td>2.70</td><td>0.89</td><td>—</td></tr>
<tr><td>占各全部类型家庭比重（%）</td><td>1.45</td><td>0.43</td><td>0.29</td><td>0.14</td><td>2.31</td></tr>
</table>

由表4-15可见，纯牧家庭牲畜出现传染病的可能性更高。纯农家庭、纯牧家庭、半农半牧家庭和非农非牧家庭的牲畜传染病发生率分别为9.71%、21.79%、17.57%和7.14%。

表 4-15　不同农牧业类型家庭牲畜出现传染病情况

		家庭类型				合计
		纯农	纯牧	半农半牧	非农非牧	
牲畜传染病	各类型家庭数（户）	350	156	74	112	692
	牲畜出现传染病的家庭（户）	34	34	13	8	89
	占各类家庭比重（%）	9.71	21.79	17.57	7.14	—
	占各全部类型家庭比重（%）	4.91	4.91	1.88	1.16	12.86

第四节　生态文明

本节从关联分析视角，对各方面因素与拉萨市农牧区生态文明情况的关系进行描述和分析。

一、不同类型家庭日常主要生活能源使用差异

家庭农牧业类型可能是影响家庭使用能源的重要因素，拉萨市农牧区不同类型家庭日常能源使用偏好和现状不同。

一是相对而言纯农家庭使用煤的程度最高。由表 4-16 可见，就不同类型家庭而言，纯农家庭以煤为日常生活主要能源的家庭占比最高，为 6.00%；非农非牧家庭次之，为 4.46%；纯牧家庭和半农半牧家庭中都没有使用煤作为主要能源的家庭。

表 4-16　不同农牧业类型家庭使用煤的情况

	家庭类型				合计
	纯农	纯牧	半农半牧	非农非牧	
各类型家庭总数（户）	350	156	74	112	692
使用煤的家庭数量（户）	21	0	0	5	26
以煤作为日常主要能源家庭比重（%）	6.00	0.00	0.00	4.46	—

二是纯农家庭和半农半牧家庭使用木柴和树枝的程度更高。由表4–17可见，就不同类型家庭而言，半农半牧家庭和纯农家庭选择木柴树枝为日常生活主要能源的家庭占比高，分别是62.16%和48.57%；非农非牧家庭次之，为35.71%。

表4–17　不同农牧业类型家庭使用木柴和树枝的情况

	家庭类型				合计
	纯农	纯牧	半农半牧	非农非牧	
各类型家庭总数（户）	350	156	74	112	692
使用木柴和树枝的家庭数量（户）	170	29	46	40	285
以木柴树枝作为日常主要能源家庭比重（%）	48.57	18.59	62.16	35.71	—

三是纯牧家庭使用天然气的程度最低。由表4–18可见，就不同类型家庭而言，非农非牧和半农半牧家庭选择天然气作为主要日常生活能源的家庭占比最高，分别是73.21%和72.97%；纯牧家庭中使用天然气的家庭占比最低，仅12.18%。

表4–18　不同农牧业类型家庭对使用天然气的情况

	家庭类型				合计
	纯农	纯牧	半农半牧	非农非牧	
各类型家庭总数（户）	350	156	74	112	692
使用天然气的家庭数量（户）	232	19	54	82	387
以天然气作为日常主要能源家庭比重（%）	66.29	12.18	72.97	73.21	—

二、不同类型家庭处理污水排放途径的差异

拉萨农牧区家庭污水排放方式差异明显。由表4–19可见，第一，自己家单独自行排放污水的家庭占比最高，占全部类型家庭的74.42%。

第二，有污水排放管道系统接入来排放污水的家庭占比较小，占全部类型家庭的21.68%。

家庭农牧业类型可能是影响家庭污水排放方式的因素。由表4-19可见，不同农牧业类型家庭中：第一，纯牧家庭采用自己家单独自行排放的方式对污水进行处理的家庭占比最高，占87.18%；第二，非农非牧家庭中采用污水排放管道进行污水处理的家庭占比最高，占44.64%。

表4-19　不同农牧业类型家庭对污水排放的处理途径变化情况

污水排放	家庭类型				合计
	纯农	纯牧	半农半牧	非农非牧	
各类型家庭总数（户）	350	156	74	112	692
有污水排放管道系统接入家庭（户）	80	12	8	50	150
占各类型家庭比重（%）	22.86	7.69	10.81	44.64	—
占全部类型家庭比重（%）	11.56	1.73	1.16	7.23	21.68
自己家单独自行排放（户）	257	136	61	61	515
占各类型家庭比重（%）	73.43	87.18	82.43	54.46	—
占全部类型家庭比重（%）	37.14	19.65	8.82	8.82	74.42
其他（户）	13	8	5	1	27
占各类型家庭比重（%）	16.25	66.67	62.50	2.00	—
占全部类型家庭比重（%）	1.88	1.16	0.72	0.14	3.90

三、不同类型家庭厕所使用情况的差异

家庭农牧业类型可能是影响家庭使用厕所情况的主要因素。由表4-20可见，不同农牧业类型家庭中：第一，纯农家庭使用自家修建旱厕的家庭占比最高，占90.57%；半农半牧家庭和非农非牧家庭中使用自家修建的旱厕的家庭占比次之，分别占83.78%和62.50%；第二，纯牧家庭没有厕所的家庭占比最高，占80.13%；第三，使用厕所各种情况

中，各类型家庭使用公共厕所的情况占比最低，仅为 0.72%。

表 4–20　不同农牧业类型家庭对厕所的使用情况

厕所	家庭类型				合计
	纯农	纯牧	半农半牧	非农非牧	
各类型家庭总数（户）	350	156	74	112	692
自家修建的旱厕（户）	317	22	62	70	471
占各类型家庭比重（%）	90.57	14.10	83.78	62.50	—
占全部类型家庭比重（%）	45.81	3.18	8.96	10.12	68.07
自家修建的冲水厕所（户）	18	2	1	26	47
占各类型家庭比重（%）	5.14	1.28	1.35	23.21	—
占全部类型家庭比重（%）	2.60	0.29	0.14	3.76	6.79
公共厕所（户）	2	1	0	2	5
占各类型家庭比重（%）	0.63	4.55	0.00	2.86	—
占全部类型家庭比重（%）	0.29	0.14	0.00	0.29	0.72
没有厕所（户）	12	125	10	13	160
占各类型家庭比重（%）	3.43	80.13	13.51	11.61	—
占全部类型家庭比重（%）	1.73	18.06	1.45	1.88	23.12
其他（户）	1	6	1	1	9
占各类型家庭比重（%）	0.29	3.85	1.35	0.89	—
占全部类型家庭比重（%）	0.14	0.87	0.14	0.14	1.29

四、生活垃圾处理方式

不同类型家庭对生活垃圾的处理途径主要是政府提供生活垃圾的收集与集中处理。由表 4–21 可见：第一，政府提供生活垃圾的收集与集中处理是不同类型家庭对生活垃圾的主要处理方式，使用这种方式的家庭合计占全部家庭的 80.64%。第二，采用就地掩埋、敞开焚烧、自家随意处理和其他途径处理生活垃圾的家庭占比很低，分别为 4.04%、

11.13%、3.03%和1.16%。

家庭农牧业类型可能是影响家庭生活垃圾处理途径的重要因素。由表4–21可见，不同农牧业类型家庭中：第一，纯牧家庭采用敞开焚烧的方式处理生活垃圾的家庭占比最高，占38.14%；第二，纯牧家庭采用就地掩埋的方式处理生活垃圾的家庭占最高，占10.26%。

表4–21 不同类型家庭对生活垃圾的处理途径情况

垃圾处理途径	家庭类型				合计
	纯农	纯牧	半农半牧	非农非牧	
各类型家庭总数（户）	350	156	74	112	692
政府提供生活垃圾的收集与集中处理（户）	305	97	60	96	558
占各类型家庭比重（%）	87.14	62.18	81.08	85.71	—
占全部类型家庭比重（%）	44.08	14.02	8.67	13.87	80.64
就地掩埋（户）	9	16	0	3	28
占各类型家庭比重（%）	2.57	10.26	0.00	2.68	—
占全部类型家庭比重（%）	1.30	2.31	0.00	0.43	4.04
敞开焚烧（户）	21	37	11	8	77
占各类型家庭比重（%）	6.89	38.14	18.33	8.33	—
占全部类型家庭比重（%）	3.03	5.35	1.59	1.16	11.13
自家随意处置（户）	10	5	2	4	21
占各类型家庭比重（%）	2.86	3.21	2.70	3.57	—
占全部类型家庭比重（%）	1.45	0.72	0.29	0.58	3.03
其他途径（户）	5	1	1	1	8
占各类型家庭比重（%）	1.43	0.64	1.35	0.89	—
占全部类型家庭比重（%）	0.72	0.14	0.14	0.14	1.16

第五节　结论与建议

尽管拉萨市农牧区民生保障与改善状况总体较好，但不同类型家庭间的差异依然明显。居民生活方面，纯农家庭年收入减少风险相对更大，纯牧家庭收入更趋稳定但对收入满意度相对较低，家庭成员越多的家庭增收可能性越高，且纯牧家庭及规模较大家庭的住房需求满足程度仍有待提升。

拉萨市农牧民家庭中是否有成员正在学校接受正规教育，与其对义务教育满意程度的高低有显著的正相关关系。家庭中成员人数越多，年总消费增加，家庭有成员接受学校正规教育的可能性越大。相对而言，半农半牧家庭对从政府获得各种补贴的满意程度最高。居民对政府提供的义务教育满意程度、本村／乡镇卫生所或医院提供的医疗服务、政府提供的养老保障满意程度都与居民对本村／乡镇的道路状况满意程度具有明显相关关系。

不同类型家庭在公共安全方面的差异较为明显，相对而言，纯牧家庭发生公共安全事件的风险更大。纯牧家庭相对更易发生生产安全事故，纯农家庭和半农半牧家庭相对更易遭遇自然灾害，纯牧家庭和非农非牧家庭相对更易发生治安安全事件，纯牧家庭和非农非牧家庭中治安安全事件发生率较高。拉萨市农牧民在公共安全方面表现出较高的满意程度，但自然灾害、传染病等问题仍须高度重视。

不同类型家庭的能源使用偏好不同。相对而言，纯农家庭对煤的使用程度最高，纯农家庭和半农半牧家庭对木柴和树枝的使用程度更高，纯牧家庭对天然气的使用程度最低。因为生产和生活方式不同，不同农牧业类型的家庭在生活垃圾处理、污水处理、家庭厕所建设方面的差异较明显。不同农牧业类型家庭中，纯牧家庭采用自己家单独自行排放的方式对污水进行处理的家庭占比最高，纯牧家庭没有厕所的家庭占比最高，纯牧家庭采用敞开焚烧和就地掩埋的方式处理生活垃圾的家庭占比最高。

基于上述分析，建议：第一，进一步拓宽农牧民增收渠道，促进农牧民收入稳步增加。第二，加大牧民集中居住区建设力度，解决牧民较强的住房需求问题。第三，加大牧区居民安全事故隐患排查、自然灾害防治、应急管理及教育等相关工作力度，进一步优化农牧区人居环境，改善农牧民住房条件、生活相关基础设施等。

第五章

健康专题

习近平总书记在全国卫生与健康大会上强调，要把人民健康放在优先发展的战略地位，加快推进健康中国建设，努力全方位、全周期保障人民健康，为实现"两个一百年"奋斗目标、实现中华民族伟大复兴的中国梦打下坚实的健康基础。居民健康状况与民生满意度有着密不可分的关系，居民健康水平的高低也是直接影响国计民生的重要问题，健康问题更是关系经济发展和社会稳定的重要因素。拉萨市农牧区民生满意度系列调研中，健康相关问题的调查与研究是应有之义。本次调研在 2017 年第一次调研基础上有所补充和改进，问题更清晰，聚焦更精准，指标更全面，本章将依据调研数据就拉萨市农牧民居住地环境状况对健康的影响进行分析，分析结果可为政府制定相关政策提供科学依据。

第一节 研究背景及主要研究内容

一、研究背景

卫生健康事业的发展能够提高个人的获得感和幸福感。2019 年是中华人民共和国成立 70 周年、西藏民主改革 60 周年，经过几十年的发展，西藏的医疗卫生事业和全国同步发展，建立了包括基本医疗服务、妇幼保健、藏医藏药、疾病防控、急救和巡回诊疗等在内的卫生健康服务体系，构建形成了覆盖区、市、县、乡、村五级的城乡医疗服务网络，各族人民的健康权益得到了有效保障。公开数据显示，2017年西藏全区医疗卫生机构达到1548个，床位16787张，卫生人员24018人；每千人口床位数4.88张（全国2017年5.72张）、卫生技术人员5.54人（全国2017年6.47人）、执业（助理）医师2.41人（全国2017年2.44人）；人均预期寿命由和平解放初期的35.5岁提高至70.6岁，孕产妇死亡率从5000/10万下降到56.52/10万，婴儿死亡率从430‰下降到11.59‰，提前完成2020年预期目标。[①]卫生医疗事业的发展，直接增加了个人及全社会的健康福祉，因此，民生发展离不开卫生医疗的支撑。

卫生健康的发展不仅保障各族人民的健康权益，也与经济发展紧密相连。研究证实，健康与经济之间有正向关系。健康促进经济繁荣主要通过四种机制实现：第一，健康的人"续航"时间更长，表现为强壮的体力、充沛的脑力和灵敏认知的能力，这些可以直接转化为生产力；第二，健康的人预期拥有更长的寿命，也更有动力投资在个人受教育方面，从而提高自身劳动力素质；第三，健康的人更有储蓄倾向，从而为经济投资储备更多货币资本；第四，更健康的人群意味着更低的死亡率，从而使得家庭降低生育预期，导致全社会人口增长率更低和年龄结构相对老化，可以延长劳动力人口的平均工作年限。围绕上述四种机制，一些基于中国数据的实证研究进行了有益探索，发现健康有利于收入增长、农业发展和消除贫困：一项基于中国健康与营养调查（CHNS）数据的研究发现，个人健康是决定中国家庭收入的重要因素，而且农村人口比城市人口拥有更高的健康经济回报；[②]另一项同样基于中国健康和营养调查（CHNS）

① 卫健委举行西藏卫生健康有关工作发布会，2019年5月23日，见http://www.scio.gov.cn/xwfbh/gbwxwfbh/xwfbh/wsb/Document/1655375/1655375.htm。

② 刘国恩等：《中国的健康人力资本与收入增长》，《经济学（季刊）》2004年第4期。

数据的研究发现，健康状况在农业生产中的作用略大于非农就业；[①]2011—2014 年国家统计局新疆调查总队农村住户调查数据显示，收入、教育、健康等变量对多维贫困的贡献最大，而住房、饮水、就医等变量的贡献率有较大幅度上升。[②]

　　拉萨市乃至整个西藏位于常年高寒缺氧的高海拔区域的区位特征决定了其自然条件恶劣的现实，也让她长期深陷亚洲贫困带的泥沼，难以享受到亚洲地区经济增长的同等红利。这样一个区域，要想在地形、气候、水源等自然条件决定的传统生产方式、农牧产业结构和习以为常的生活方式中实现跨越式的经济发展，其艰巨性和长期性可想而知，可选择的余地也很小。但从长期看，拉萨市乃至整个西藏的区位劣势转化为区位优势并非没有可能。随着经济全球化的不断深入，各国各地区都致力于提高自身的区位优势，一方面吸引有限资源为自身可持续发展招商引资，另一方面在全球贸易中将自然资源的附加值作为商品进行交易。如何在高海拔地区健康地生活并且减少疾病的发生、提高人口素质、延长人均预期寿命等多重目标，都需要多方面统筹。改革开放 40 年来，拉萨市医疗卫生事业快速发展，基本医疗卫生服务实现全覆盖，家庭医生签约率达 98%，孕产妇住院分娩和婴儿住院救治实行 100% 报销。[③] 医疗卫生资源的分布点与覆盖只是万里长征的第一步，未来需要合理有效利用区域环境中的有利因素，从而将高海拔的区位劣势变为区位优势，通过合理开发人力资源和社会环境等优势发展当地经济，以实现人与自然、人与经济的和谐发展。当然，对于海拔超过 4500 米的

---

　　① 陈静思：《健康人力资本对农村居民收入的影响——基于 CHNS 数据的实证分析》，《当代经济》2016 年第 30 期。

　　② 刘林、李光浩：《连片特困区少数民族农户多维贫困的动态变化与影响因素——以新疆南疆三地州为例》，《西部论坛》2017 年第 1 期。

　　③《拉萨市改革开放 40 年经济社会实现大跨越》，2018 年 12 月 29 日，见 www.xzzxw.com/zhuanti/xzzfxwfbh/wqfb/201812/t20181229_2488458.html。

不适宜人类活动的区域，还需要秉承"绿水青山就是金山银山"的生态理念和可持续发展观念，将这些区域还给大自然、还给下一代，保护其原生态。

二、调查指标

本次调研包括的内容有：生病首选医治方式、是否去乡镇卫生所或医院就诊及其满意度和不满意原因、是否去县医院就诊及其满意度和不满意原因、全家一年去医院的次数、全家一年自费医疗的支出费用、每天是否吃蔬菜/水果（包括辣椒）、每天是否运动等。相比2017年的调研，本次调研取消了居民饮用水的检测数，这是因为居民饮用水的取水地点长期相对固定，不必在短期内对居民饮用水进行二次化验检测。

第二节　基本医疗服务：供需视角

从历史发展历程来看，我国医疗卫生事业从中华人民共和国成立初期缺医少药看病难的困境，发展到今天已经建立起全面覆盖城乡的医疗卫生服务体系。卫生健康委发布的《2018年我国卫生健康事业发展统计公报》显示，2018年年末，全国医疗卫生机构总数达997434个，比2017年增加10785个；全国医疗卫生机构床位840.4万张，其中，医院652.0万张，基层医疗卫生机构158.4万张；全国卫生人员总数达1230.0万人，比2017年增加55.1万人（增长4.7%）；全国医疗卫生机构总诊疗人次达83.1亿人次，比2017年增加1.3亿人次，增长1.6%。居民人均预期寿命由2017年的76.7岁提高到2018年的77.0岁，孕产妇死亡率从19.6/10万下降到18.3/10万，婴儿死亡率从6.8‰下降到6.1‰。但是，从空间布局来看，虽然远程医疗服务开始覆盖全国国家级贫困县和边远地，但基本医疗卫生服务体系在空间上分布并不均衡，尤其是卫生资源供给在城乡间的配置矛盾突出：我国的卫生资源城市占80%以上，农村仅占20%以下。以2018年的总诊疗人次为例，医院35.8亿人次（占43.08%），基层医疗卫生机构44.1亿人次（占53.07%），其他医疗机构3.2亿人次（占3.85%），基层医疗卫生服务体系的发展是发展健康民生的基础。实现基层医疗卫生服务的均等化，让广大西藏农牧民"病有所医"，获得最基本、最有效的基本医疗卫生服务，是民生发展的应有之义。

一、农牧区医疗资源的供给增长

公共医疗卫生是民生中的重大问题之一。西藏地理环境特殊，除流行病外，高血压、心脏病、肺心病等与低氧、寒冷、干燥和紫外线照射等高原环境相关的疾病也较常见，与农牧民现有生活条件、生活习惯和饮食结构相关的病症也较多。西藏人民与疾病作长期斗争的实践，为藏医药学体系的理论丰富和经验应用提供基石。和平解放前，西藏只有三所医疗设备极其简陋、规模有限的官办藏医机构和少量私人诊所，专业从业人员和民间藏医400余人，平均每千人只有不到0.4名医务人员。[1]这些藏医机构和人员主要面向上层统治者、寺院和藏军。农牧民患病，除用一些土方法治疗外，还举行法事、打卦占卜、祈祷禳灾等。和平解放前西藏人均寿命只有35.5岁，人口增长长期处于停滞状态。民主改革后，自治区逐步建立了遍布城乡的医疗卫生网。2018年年底，西藏医疗卫生机构发展到1548个，其中医院157所、卫生院678所、疾病预防控制中心82个，基本形成了基层三层（县、乡、村）卫生网络服务体系，如图5-1所示。医疗资源供给的单元——病床床位和卫生技术人员，也实现了双重增长，如图5-2所示。2018年年底，西藏实有病床床位16787张，每千人病床数为4.88张，低于全国同年平均水平

---

[1] 《西藏的主权归属与人权状况》，http://www.people.com.cn/GB/channel1/10/20000905/218067.html。

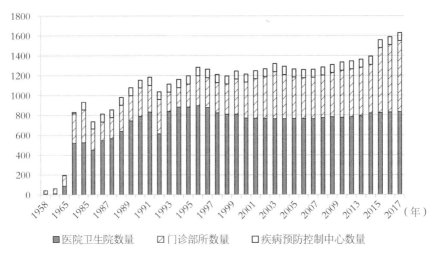

图 5-1　1958—2018 年西藏卫生机构数（单位：个）

数据来源：西藏历年统计年鉴。

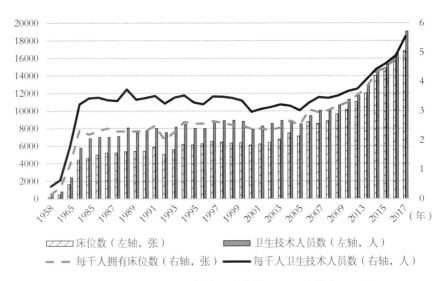

图 5-2　1958—2018 年西藏病床床位数量和卫生技术人员数量

数据来源：西藏历年统计年鉴。

（2018 年全国每千人口医疗卫生机构床位数为 6.03 张）。1985—2018 年间，西藏全部的病床床位数量中，医院床位平均占比 66.5%，其余分散在卫生院、门诊部门等。2018 年，全区卫生技术人员达 19035 人，每千人卫生技术人员数为 5.54 人；执业（助理）医师 8283 人，以 2018 年全区人口数为 343.82 万人计算，每千人口执业（助理）医师 2.41 人，低于全国同年平均水平（2018 年全国每千人口执业（助理）医师 2.59 人）。藏医药是起源和根植于西藏优秀传统文化的特色医药，是重要的国家非物质文化遗产，是中华民族传统医药学和优秀传统文化的重要组成部分，《四部医典》入选《世界记忆亚太地区名录》，"藏医药浴法"列入联合国教科文组织人类非物质文化遗产代表作名录。藏医药事业在农牧区医疗资源供给中扮演了重要角色。目前，全区公立藏医医疗机构达到 50 所，民营藏医医疗机构 163 所，藏医药技术人员 3763 人，病床 2412 张，89% 乡（镇）卫生院和 38% 的村卫生室都能够提供藏医药服务，藏医药服务体系基本建立。

与医疗资源供给同步增加的是卫生健康的改善。从 20 世纪 60 年代初起，西藏再未发现过天花病例，各种传染病、地方病发病率大幅下降；1986 年以来，西藏广泛开展计划免疫，免疫接种率达 85% 以上。西藏人均寿命由和平解放前的 35.5 岁增加到"十二五"末的 68.2 岁，总人口由和平解放前的 114 万增加到 300 万；1985 年与 1965 年相比，拉萨地区藏族青少年平均身高增加 8.8 厘米，平均体重增加 5.2 千克。"十二五"末，西藏全面实施城乡居民、在编僧尼免费体检，免费救治先心病儿童，孕产妇住院分娩率提高到 90.5%。图 5-3 描绘了 1965 年以来西藏的人口出生率、死亡率和自然增长率变动情况，可以看出，1990 年以来，人口出生、死亡与自然增长维持在相对平稳的水平。2018 年，西藏的人口出生率、自然增长率分别为 15.79‰、10.68‰，高于同年全国水平（2018 年全国人口出生率及自然增长率分别为 10.94‰、3.81‰；西藏 2015 年人口死亡率为 5.11‰，低于同年全国 7.13‰ 的人口死亡率）。

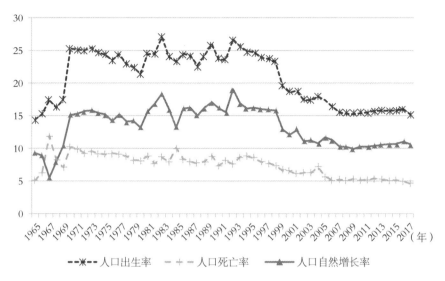

图5-3　1965—2018年西藏人口出生率、死亡率和自然增长率（单位：‰）
数据来源：西藏历年统计年鉴。

二、基于调查的医疗资源需求

调查显示，681名受访者回答了"2017年您和您的家人因生病去医院的次数大约是多少"的问题，2017年一年中受访者家庭平均去医院的次数为8次，有的家庭2017年一年没有去医院（93名受访者，占比13.66%），有的家庭一年去医院长达30次以上（40名受访者，占比6.17%）。2017年受访者家庭去医院的次数分布如图5-4所示。

在就医行为中，就医距离是一个至关重要的因素，一方面它涉及医疗资源均衡配置的社会公平，另一方面会影响个体医疗行为的决策，就医距离不仅会通过改变时间成本、交通费用影响患者的就医决策，更可能影响信息不对称程度，使患者在不确定环境下出现"损失规避"偏好的非理性行为。有研究表明，距离对住院费用产生门槛效应的临界点分别是距离4千米和距离400千米，距离衰减效应在4千米范围

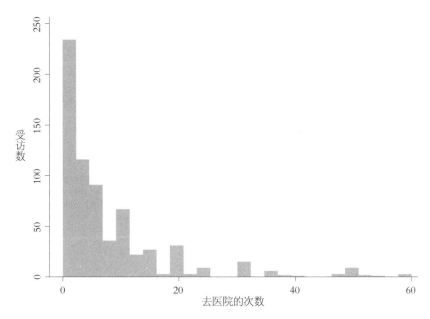

图 5-4　2017 年受访者家庭就医次数（单位：次）

内更为明显，超过 4 千米后非理性住院费用增加。[1] 另一个有关农村医疗服务地域性的研究表明，我国农村患者的住院就医需求受到医院距离的显著影响。随着去医院就诊距离增加，患者去该医院就诊的概率会下降；并且这一影响也随着医院等级的变化而变化：越是基层的医院，影响越大。[2] 在我们对 692 户受访对象的调查中，家人生病时的诸多医治方式中，首选去村 / 乡镇卫生所或医院看病的比例最高，为66.91%，其次去县城卫生所或医院，为 21.96%，再次去拉萨市医院，占 7.23%，主要依赖藏医（包括去藏医院看病）的占 3.32%，请活佛 / 喇嘛来诊断的比例为 0.58%。可见村 / 乡镇卫生所或医院仍然是农牧

① 蒋翠珍等：《最佳就医距离与医疗公平及非理性医疗行为》，《江西社会科学》2019 年第 5 期。

② 李玲等：《医院距离对农村地区居民住院需求的影响：一个离散选择模型的应用》，《中国卫生经济》2014 年第 1 期。

民就医最频繁的去处。除 4 位受访者表示不清楚外，441 位、63.73%的受访者表示今年有家庭成员到村 / 乡镇卫生所或医院看病。与此形成对比的是，除 6 位受访者表示不清楚外，299 位、43.21%的受访者表示有家庭成员到县医院看病，387 位、55.92%的受访者表示今年没有家庭成员到县医院看病。

综上，西藏地域比较广阔，尤其是高海拔的地区是老百姓看病就医比较困难的地方，农牧区的医疗资源需求主要集中在县级、乡镇或村的医院（卫生所）里，其中，村 / 乡镇卫生所或医院的高需求体现了医疗资源下沉的必要性。调查发现，村 / 乡镇卫生所不仅要提供基本的公共卫生服务，还涉猎常见病、多发病的诊疗、护理、康复等综合服务，更承担了卫生健康宣传、技术指导和培训等工作。因此，《全国医疗卫生服务体系规划纲要（2015—2020 年）》指出，合理确定村卫生室和社区卫生服务站的配置数量和布局，根据乡镇卫生院、社区卫生服务中心覆盖情况以及服务半径、服务人口等因素合理设置，原则上每个行政村应当设置 1 个村卫生室。针对西藏实际和农牧民健康需求，自治区推动建立分级诊疗体系，制定分级病种清单，定期调整补充病种目录；组织开展城乡对口帮扶，把内地三级医院优质资源引入县级，促进医疗资源下沉、依托区内地市以上三级医院自己解决高海拔边远地区、乡镇卫生院存在的困难、在县医院和市医院间通过双向转诊、分级治疗的模式建立基本医疗网络，以实现"大病不出自治区、中病不出地市、小病不出县区"的目标。

三、供需矛盾突出的基本医疗服务

本次调查主要针对乡镇级以下卫生所和县级医院的满意度及不满意原因展开调查，来描绘基本医疗服务供需矛盾的冲突框架。

在乡镇级以下卫生所的满意度调查中，除 30 人受访者表示不清楚外，577 人、83.38%的受访者表示满意目前本村 / 乡镇卫生所或医院提供的医疗服务，69 人、9.97%的受访者表示目前本村／乡镇卫生所或医院提供的医疗服务一般，16 人、2.31%的受访者表示不满意目前本村／乡镇卫生所或医院提供的医疗服务。因此，85 人不满意者或表示服务一般者是不满意原因的调查对象。不满意原因中，45 人受访者（52.94%）表示本村／乡镇卫生所或医院技术水平较低，34 人受访者（40%）表示本村／乡镇卫生所或医院医疗设备不完善，18 人受访者（21.18%）表示本村／乡镇卫生所或医院医疗效果较差，14 人受访者（16.47%）表示本村／乡镇卫生所或医院服务项目较少，13 人受访者（15.29%）表示本村／乡镇卫生所或医院医护人员服务态度较差，6 人受访者（7.06%）表示本村／乡镇卫生所或医院各项检查及缴费的等待时间较长，分别有 4 人受访者（4.71%）表示本村／乡镇卫生所或医院环境卫生较差、药品价格较高，3 人受访者（3.53%）表示本村／乡镇卫生所或医院医疗费用中自付部分较高。其他原因有：3 人表示药品品种少或数量不够，2 人表示医护人员不足、不按时工作，1 人表示路远，1 人表示需要很多证明。从上述不满意的原因可见，医疗技术和设备不完善、医疗效果较差是农牧民对乡镇级以下卫生所最不满意的地方。

在县级医院的满意度调查中，除 90 人受访者表示不清楚外，548 人、79.19%的受访者表示满意目前县医院提供的医疗服务，46 人、6.65%的受访者表示目前县医院提供的医疗服务一般，8 人、1.16%的受访者表示不满意目前县医院提供的医疗服务。因此，54 人不满意者或表示服务一般者是不满意原因的调查对象。不满意原因中，20 人受访者（37.04%）表示县医院技术水平较低，15 人受访者（27.78%）表示县医院医护人员服务态度较差，分别有 12 人受访者（22.22%）表示县医院交通不方便、医疗效果较差，10 人受访者（18.52%）表示县医院医疗设备不完善，分别有 5 人受访者（9.26%）表示县医院环境卫生较差、药品价格较高、服务项目较少、各项检查及缴费的等待时间较长，4 人受访者（7.41%）表示县医院医疗费用中自付部分较高。其他原因有：1

人表示医生服务态度恶劣，1人表示医院地面不平整。从上述不满意的原因可见，医疗技术和设备不完善、医疗效果较差、医护人员态度恶劣是农牧民对县级医院最不满意的地方。

在西藏医疗资源的供给中，地市级医疗资源相对比较丰富，县级医院和乡镇卫生院医务人员短缺、医疗技术相对比较薄弱。根据《全国医疗卫生服务体系规划纲要（2015—2020年)》，县办医院主要承担县级区域内居民的常见病、多发病诊疗，急危重症抢救与疑难病转诊，培训和指导基层医疗卫生机构人员，相应公共卫生服务职能以及突发事件紧急医疗救援等工作，是政府向县级区域内居民提供基本医疗卫生服务的重要载体。然而，由于自然地理环境及经济发展水平的限制，西藏县级及以下公共医疗资源仍然不能满足当地农牧民需求，或者说，医疗资源的供给增长滞后于需求的增长。值得注意的是，以免费医疗为基础的农牧区医疗制度逐步完善，建立了政府主导，个人自愿参加，政府、集体和个人多方筹资，家庭账户、大病统筹和医疗救助相结合的农牧区医疗制度，形成了以农牧区医疗制度为根本，农牧民大病保险为补充，医疗救助相结合的多层次医疗保障体系，农牧区医疗制度政策覆盖率、参保率均达100%。随着医疗保障制度逐步完善、保障水平不断提高，医疗服务需求将进一步释放，农牧区医疗卫生资源供给约束与农牧民卫生需求不断增长之间的矛盾将持续存在。

第三节 基本医疗服务：支出视角与环境视角

从福利主义的视角看，基本公共卫生服务均等化是健康民生应该考虑的首要问题，城乡居民，无论年龄、性别、职业、地域、收入等，都享有同等的公共卫生服务权利。财政部国库司发布的《2018年财政收支情况》显示：2018年全国一般公共预算支出中的医疗卫生与计划生育支出为 1.57 万亿元，同比增长 8.5%，占全国一般公共预算支出的 7.1%。2013—2017 年，全国财政医疗卫生（包含计划生育）累计支出 59502 亿元，年均增幅 11.7%，比同期全国财政支出增幅高出 2%。其中，2017 年全国财政医疗卫生支出达到 14451 亿元，比 2013 年增加了 5156 亿元，增长达到 55.5%，占全国财政支出的比重已经达到 7.1%，较 2013 年提高 0.5%；2018 年，医疗卫生领域的财政支出增加到 15291 亿元，比 2017 年增加了 840 亿元，占全国财政支出比重为 7.3%。一般公共预算支出中的医疗卫生支出通常超过广义政府卫生支出比重的一半，其增长率在一定程度上反映了我国在医疗卫生财政支出上的进步。有数据显示，2006 年世界上高收入国家医疗保障支出占政府卫生支出比例达到 38.9%，低收入国家仅为 1.3%，中等偏上收入国家和中等偏下收入国家分别为 27.9% 和 9.4%。计算可得，我国国家医疗保障支出比例占比 8.3% 左右，只能划入中等偏下类国家。[①] 当然也有专家认为，国际和国内在统计口径存在差异、不能直接进行国际比较。根据《2018 年我国卫生健康事业发展统计公报》数据显示，1978—2018 年，我国医疗卫生总费用从 110.2 亿元增长到 57998.3 亿元，人均卫生费用由 11.44 元增长到 4148.1 元，增量很大。2018 年的卫生总费用中，政府卫生支出、社会卫生支出和个人卫生支出的比例分别为 28.3%、43.0%、28.7%，由此可见，居民个人的医疗费用支出负担较重。世界卫生组织（WHO）《2010 年世界卫生报告》中提倡的卫生支出目标为：广义政府卫生支出占 GDP 的比重不低于 5%，个人卫生现金支出占全国卫生总支出的比重为 15%—20%。从卫生健康委以国际口径进行重新核算的数据来看，我国的相关数据基本符合中高收入国家的国情，但是距离 WHO 提倡的这一目标仍有一定差距。

[①]　程杰、赵文：《人口老龄化进程中的医疗卫生支出：WHO 成员国的经验分析》，《中国卫生政策研究》2010 年第 4 期。

一、基于调查的医疗费用支出

本次调查中，691 名受访者回答了"2017 年您全家在医院的自费支出大约是多少元"的问题，2017 年一年中受访者家庭医疗费用的平均自费支出为 5165 元，有的家庭 2017 年一年没有支出（170 名受访者、24.6%），受访者中最高的医疗费用自费支出是 25 万元，医疗费用一年的自费总支出集中在 10000 元以内，累积占比 92.19%。受访者家庭2017 年在医院的自费支出费用如图 5–5 所示。拉萨市与西藏其他地区相比，海拔相对较低，居民大多从事以青稞、小麦、油菜为主的农作物种植，农牧水平较高，而从事畜牧业的居民大多居住在高海拔的地区，远离市区，交通条件较差，所负担的医疗费用远高于农区。从外部条件看，政府和各区县行政单位以及医疗卫生机构可对牧区进行适当倾斜，完善牧区基础设施、改善外部条件以防由于疾病的扩散带来的牧民减产和不必要的医疗开支。

结合前文受访者回答的"2017 年您和您的家人因生病去医院的次

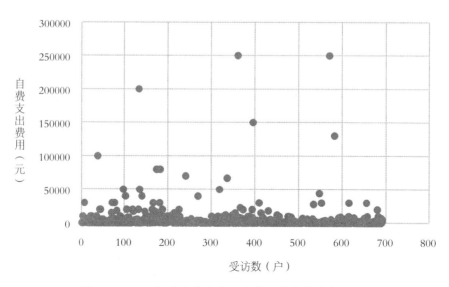

图 5–5　2017 年受访者家庭医疗费用的自费总支出

数大约是多少"问题，以一户家庭 2017 年医疗费用的自费总支出与
2017 年去医院次数的比值，可以得出受访者家庭 2017 年平均一次去医
院的自费支出。拉萨市 2017 年城镇居民人均可支配收入 32321 元，农
村居民人均可支配收入 13108 元，[①] 人均医疗费用支出占据了个人可支
配收入部分较高的比例。在脱贫攻坚战的关键时期，健康扶贫是其中重
要的一环。官方数据显示，我国建档立卡贫困户中，因病致贫、因病返
贫的比例均在 42% 以上。[②] 一个家庭中，患病且需要较高医疗服务的，
往往都是该家庭的主要劳动力，因此，一方面患病要花费高额的治疗费
用，另一方面医学规律决定了从治疗到康复需要较长的周期，这个时期
内还会因为丧失家庭劳动力而减少收入。在本次调查的 587 个有效样本
中，受访者家庭 2017 年去医院 1 次的自费支出均值为 2216 元，其分布
如图 5-6 所示。医疗费用一次的自费支出集中在 3000 元以内，累积占

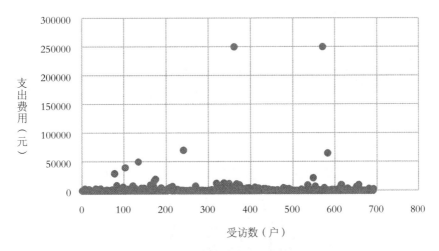

图 5-6　2017 年受访者家庭医疗费用平均支出

注：为制图可观性考虑，单次自费支出 25 万元不在上图范围内。

---

①　拉萨市人民政府工作报告，2018 年 1 月 18 日，见 http://www.lasa.gov.cn/lasa/zwgk/
2018-04/02/content_1055665.shtml。

②　《国家卫健委：解决因病致贫因病返贫问题　打赢健康脱贫攻坚战》，2018 年 4 月 15
日，见 http://health.people.com.cn/n1/2018/0425/c14739-29949739.html。

比 90.97%。

二、距离与医疗自费

考虑到拉萨市农牧区地广人稀的典型特征和交通设施的现实情况，距离并非是居民家至最近医院或诊所的物理距离，而是居民距离最近有铺装路面公路的距离，我们也将此作为考量当地农牧民看病的便利度的指标。在农牧区，铺装公路在当地交通中扮演了至关重要的角色，决定了人们的出行速度与效率。若某一区域无铺装公路，则说明这一地区外出便利度低，会造成生活上的极大不便，包括会给就医带来直接影响。我们在分析距离与医疗费用总支出的过程中以每 10 千米作为阶梯，1 千米以内距离的单独列开，总体分布如下：1 千米以内，2025644 元，占总量的 57%；1—10 千米，1253404 元，占总量的 36%；11—20 千米，30546 元，占总量的 1%；21—30 千米，0 元；31—40 千米，76900元，占总量的 2%；41—50 千米，57700 元，占总量的 2%；缺失里程，70603 元，占总量的 2%。根据距离与医疗费用总支出的分布如图 5—7所示，距离医疗机构 10 千米以内的医疗费用总支出占总支出的 93%，尤其是 1 千米以内的受访者医疗费用支出为最高区间，这可以说明拉萨

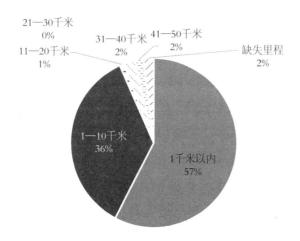

图 5-7　距离与医疗费用总支出的分布

市农牧区基层医疗资源的覆盖面大体上实现了就近就医的目标，居民出行非常便利，能够便捷地享受到医疗服务。超过 10 千米的 3 个就医距离，所对应的医疗费用支出所占比例非常低。这从另一个侧面说明，距离与医疗支出的关系表现非常明显，较远距离的居民享受医疗服务的便利性较弱。根据统计，我们可以得出一个初步论断：拉萨市农牧区就医距离发生衰减的临界点在距离铺装公路 10 千米的距离。

平均医疗费用支出是总医疗支出的重要补充。平均医疗费用支出与距离的分布如图 5-8 所示：1 千米以内，6099.28 元；1—10 千米，4628.10 元；11—20 千米，1607.68 元；21—30 千米，0.00 元；31—40 千米，2403.12 元；41—50 千米，4805.33 元；缺失里程，4412.69 元。40 千米以上距离和 10 千米以下距离是平均医疗费用支出相对较高的两个区间。有实证研究发现，非理性诊疗行为与住院费用的正相关性在远距离患者中更为多见。[①] 本调研的数据中，距离 10 千米以下的平均医疗费用高，

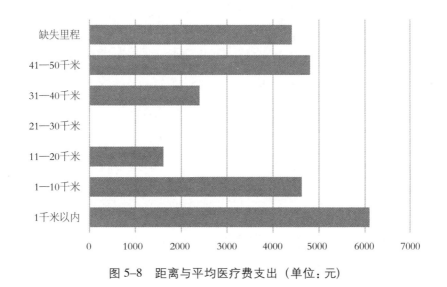

图 5-8　距离与平均医疗费支出（单位：元）

———————————

① 蒋翠珍等：《最佳就医距离与医疗公平及非理性医疗行为》，《江西社会科学》2019 年第 5 期。

更多与就医的高频次有关，那么 40 千米以上距离的较高平均医疗费用则可以推测出患者及其家属非理性诊疗行为的可能性。40—50 千米区间医疗费用总支出费用很低，但平均医疗费用支出却很高，符合这类情况的受访者大多居住在牧区，距离铺装公路较远、交通不便，在就医方面往往多为"小病扛，大病挨，临了再往医院抬"的情况。拉萨市农牧民的平均医疗费用高于全国平均值的近 4 倍，在拉萨市农牧区建立健全重大疾病医疗保障机制和长期护理保险制度，推进实施医保精准扶贫仍然有广泛的需求。

三、海拔与医疗自费

海拔高度 500 米属于低海拔，2500 米属于中等海拔，3500 米属于高海拔。海拔 500 米以下的地方因气压较高，空气密度较大，比较湿热，对人体机能有较重的负担；而海拔高于 2500 米，因大气压力较低，空气中氧含量减少，则会使人呼吸困难而出现高原反应。科学研究表明，从海拔 1500 米开始，每增加海拔高度 100 米，心跳会提高 15%—20%。海拔高度对人体有很大影响。[1] 普遍认为，最适合人类生存的海拔高度是 500—2000 米。青藏高原则因其恶劣的环境而被称为"地球第三极"，这里平均海拔在 4000 米以上，年均温度接近冰点，空气含氧量仅为海平面处的一半，资源稀缺，环境恶劣，对人类生存构成极大的挑战。本次调研中，海拔与人口密度数据分布如下：3000—3499 米，有 40 人，占比 1%；3500—3999 米为 1580 人，占比 46%；4000—4499 米为 1200 人，占比 35%；4500—4999 米为 432 人，占比 12%；5000—5499 米为 96 人，占比 3%；缺失海拔数据为 122 人，占比 3%，如图 5–9 所示。3% 的海拔数据缺失，其原因是调研时 GPS 卫星信号太

---

[1] 罗昱、高红霞：《西昌城区海拔 1500 米　世界公认最适宜居住》，2016 年 3 月 10 日，见 http://sc.people.com.cn/n2/2016/0310/c345509-27908509.html。

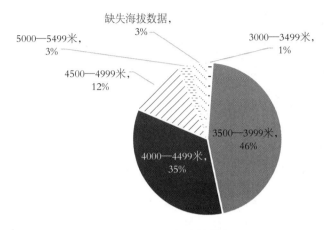

图 5-9 人口与海拔数据

弱，无法记录海拔高度。

　　拉萨市位于青藏高原的中部，海拔 3650 米，是世界上海拔最高的城市之一，本次调查所到之处最低海拔为 3300 米，最高海拔高度为 5240 米。当然不排除超过 5240 米海拔高度的区域依然有人居住，因为调查时可以目测到更高地方依然有农牧民活动的痕迹，只是调查抽样未抽中。农牧业是一种对环境资源依赖程度较高的产业，调查发现农牧民在不同海拔高度从事不同的农牧业生产活动。拉萨市最低海拔在 3300 米左右，调查显示海拔 3000—3499 米区间的人口较少，海拔 3500—3999 米人口数量最多，这一区域是人口密度相对较大的区间。据实地调查的情况反馈，拉萨市农耕区多数处于海拔高度为 3500—4000 米的河谷地带，属于人口较为密集的区域，总人口比重达到 46%，主要从事农耕作业。海拔 4000 米以上区域自然环境属于高原草场环境，草地类型为高寒草甸、高寒灌丛草甸、高寒草原、高寒荒漠等。其中，海拔 4000—4499 米的区域，属于高海拔地区人口较为密集的高度区间，人口分布相对较多，占比 35%，多从事牧业，人均资源占有量和人均土地面积占有量相对较高，但人口密度相对较低。海拔 4500—5000 米属于海拔极高的地区，人口稀少；海拔 5000 米以上几乎属于生命禁区，

空气稀薄，氧气含量极低，属于不适合人类居住的环境。传统经济增长
理论认为，自然资源是一个国家或地区经济发展不可或缺的要素。特殊
的自然资源可以是经济发展的福祉，也可以成为资源诅咒。西藏处于高
海拔的自然地理区域，特殊的自然地理环境赋予农牧业产品价值的不可
替代性。与此同时，人力资本要素也是经济发展不可或缺的要素条件。
西藏恶劣的自然环境对人的健康发展以及人口结构有一定的负面影响，
因此，一般经济增长模型中的健康资本、生命周期以及人口红利等理论
机制需要另当别论。

调查显示海拔与医疗支出关系的分布如图 5-10 所示：3000—3499
米，9600 元；3500—3999 米，1522595 元；4000—4499 米，1318518 元；
4500—4999 米，559194 元；5000—5499 米，8850 元。在海拔与看病金
额的分布中，费用支出最高的海拔区间是 3500—3999 米，这一区间多
为河谷地带的农区，也是拉萨市人口相对集中的区域。这一区域海拔较
低，交通条件和路况较好，属于距公路 1 千米以内地区，所以这一区间
医疗费用总支出是最高的地区。随着海拔的提高，医疗支出总费用的
总额呈现下降的趋势，海拔最高点 5240 米为医疗支出最低的区间。随

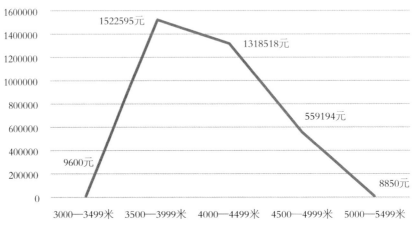

图 5-10　海拔与医疗支出的关系（单位：元）

着海拔高度的提高，平均医疗费用是增加的，如图 5-11 和表 5-1 所示。看病次数最多的区间是 3500—3999 米的范围，这和距离与医疗费用支出相一致，在此区间几乎属于农区所适合的海拔高度，表现为出行方便，因此，能便捷地享受到公共医疗服务。海拔 4000 米以上区间看病次数下降，这个区间多为牧区，区域辽阔，人口数量较少，出行不便。但海拔 4000 米以上区域医疗平均支出呈现上扬态势，说明此区间居民对医疗的依赖仅限于费用高昂的大病，与前面所分析的"小病扛，大病挨，临了再往医院抬"的现象相符合。

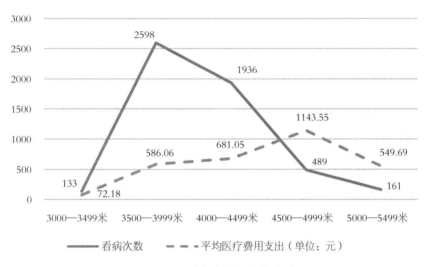

图 5-11　看病次数与平均支出

表 5-1　不同海拔高度下看病次数与平均医疗费用支出

海拔	看病次数	平均医疗费用支出（元）
3000—3499 米	133	72.18
3500—3999 米	2598	586.06
4000—4499 米	1936	681.05
4500—4999 米	489	1143.55
5000—5499 米	161	549.69

四、民生视阈下的医疗改善

从农牧民的医疗费用支出和所居住环境的双重视角讨论基本医疗服务的改善，可以看出，作为公共服务，西藏农牧区基本医疗服务的改善不是"头痛医头，脚痛医脚"的问题，而是涉及公共服务内的多个维度。

（一）完善基础设施建设

基础设施作为经济活动的"齿轮"，提供了经济活动最基本的服务，为物质和人力资本积累提供便利，通过联结市场来促进贸易，降低交易成本以及保护环境。西藏是一个集民族、边疆、贫困、生态于一体的特殊地理区域。中华人民共和国建立以来，在中央及各省市的强力支援下，西藏边境城镇得到了较大发展，但因受制于自然条件、地缘环境、历史背景等因素，与其他省区市相比，仍呈现出少、小、散、弱、差的发展现状。由于地理位置和地势环境的影响，西藏的各类基础设施建设明显落后于东部发达省份。在拉萨市农牧区，基础设施建设不仅影响经济发展，更是方便农牧民出行、从而影响民生获得感和幸福感的关键变量。

其一是医疗基础设施建设。农牧民所在的环境是高发疾病的重要诱因，就近建立医疗卫生诊疗机构与优化医疗卫生条件，培养高素质的医疗人员可实现"就近原则"，为偏远地区的农牧民解决"看病远、看病贵、条件差"等一系列问题。

其二是交通基础设施建设。偏远地区的农牧民无法实现"有病及时治"，需要政府加大投资力度和政策扶持，从硬件、软件两个方面着手。硬件方面，需要改善交通环境，实现村村通公路，既要打通"大动脉"，又要打通"毛细血管"。当然，在海拔较高的偏远牧区居民居住相对比较分散，要兼顾成本与效率很难，因此，在完善道路的同时，也应考虑一些替代方案，比如根据农牧民意愿实施易地搬迁工程。软件方面，政府部门还需建立完善交通运输体系，尤其是公共交通的开辟与维护。既可以通过财政补贴手段运营公共交通，也为当地提供一些就业岗位；也可以引入社会力量办公共交通，实现交通体系运行效率提升的目标。

（二）完善医疗服务体系

长远来看，建立完善的医疗服务体系势在必行。优化医疗卫生资源配置，构建与国民经济和社会发展水平相适应、与居民健康需求相匹配、体系完整、分工明确、功能互补、密切协作的整合型医疗卫生服务体系，为实现 2020 年基本建立覆盖城乡居民的基本医疗卫生制度和人民健康水平持续提升奠定坚实的医疗卫生资源基础。[①] 医疗体系的完善方便于民，服务于民，对拉萨市偏远地区的居民来说，享受医疗的便利性却显不足，无法与当地居民健康需求相匹配。当然，拉萨市农牧区人口分布稀疏，聚集区的人口密集度低于全国平均水平，按照全国的普遍性要求、每块区域建立分级诊疗体系也会造成资源不合理的分配。建议政府应当根据农牧区的特征另辟蹊径，比如可以建立医疗点、医疗救助站、便民诊所等机构，必要的地区可组成医疗小队，按月或定期周期性地巡游各地区，对患病人群进行初步诊疗，以确认是否需要去大医院进行相关治疗，以此来提升农牧民的健康程度和疾病诊疗的便捷度。

（三）完善健康教育体系

普及健康知识，提高全民健康素养水平，是提高全民健康水平最根本、最经济、最有效的措施之一。健康教育是一个系统性内容，涉及预防疾病、早期发现、紧急救援、及时就医、合理用药、应急避险等维护健康的知识和技能。在国家健康行为计划下，西藏农牧区也应以《中国公民健康素养——基本知识与技能》为抓手，科学普及健康知识，提升健康素养和技能，提高农牧民自我健康管理能力和健康水

---

① 《全国医疗卫生服务体系规划纲要（2015—2020 年）》国发〔2015〕14 号。

平。每个人都是自己健康的第一责任人，健康教育体系须包括以下方面：第一，要让农牧民正确认识健康，养成健康生活方式，自觉维护和促进自身健康，理解生老病死的自然规律，了解医疗技术的局限性，尊重医学和医务人员，共同应对健康问题。第二，要让农牧民养成健康文明的生活方式，注重饮食有节、起居有常，讲究个人卫生、环境卫生、饮食卫生，积极参加健康有益的文体活动和社会活动，定期健康体检，积极参与无偿献血。第三，要让农牧民掌握必备的健康技能：会测量体温、脉搏；能够看懂食品、药品、化妆品、保健品的标签和说明书；会识别常见的危险标识；会基本逃生技能与急救技能；发生创伤出血量较多时，立即止血、包扎；对怀疑骨折的伤员不要轻易搬动；抢救触电者时，首先切断电源，不能直接接触触电者；发生火灾时，会拨打火警电话 119，会隔离烟雾、用湿毛巾捂住口鼻、低姿逃生；第四，要让农牧民科学就医，建立与当地医生的联系，遇到健康问题时及时到医疗机构就诊，早诊断、早治疗，避免错失最佳治疗时机。根据病情和医生的建议，选择合适的医疗机构就医，小病诊疗首选基层医疗卫生机构，大病到医院。遵医嘱治疗，合理用药，不轻信偏方，不相信"神医神药"。

（四）完善保险体系

在建立合理的医疗资源布局同时，还应继续深化完善居民医疗保险制度，健全完善以基本医疗保障为主体、其他多种形式保险和商业健康保险为补充的多层次的全民医疗保障体系，全面推进医保支付方式改革，积极实施医保精准扶贫，有效减轻困难群体就医经济负担，增强困难群体的医保获得感。切实提高农牧民的住院报销比例、门诊费用报销比例；对目录外药品实行大病补充医疗保险报销加财政报销的综合手段；让当地农牧民贫困户医疗费用自付比例严格控制在水平线以下。目前，西藏农牧民已经达到了社会医疗保险全民参保的现状，但居民依然没有形成主动参保的意识，社会医疗保险仅是对一般疾病的基本保障。一方面，需要适当降低农牧民贫困户医疗费用进入商业补充保险的标准，从而有效发挥大病保险的功能，减轻商业补充保险资金的压力；另一方面，也需要加大对特殊险种的普及，减少重大疾病给家庭造成的损失。例如，重大疾病险是以疾病为给付保险金条件的疾病保险，即只要被保险人罹患保险条款中列出的某种疾病，无论是否发生医疗费用或发生多少费用，都可获得保险公司的定额补偿的保险。由于收入水平、受教育程度的差异，当地农牧民对商业医疗保险的认可度和接受度都比较低，因此，有必要加强宣传与推广服务。

在农牧区，年龄较大的农牧民文化水平更低，更有语言不通的情况，在这种情况之下，应该加大对农牧区的宣传教育，普及保险知识，深化保险意识，培养农牧民自觉保险行为。

（五）适应城镇化需要的易地搬迁

西藏城镇化发展具有自身的独特性，尤其是藏北地区，在海拔高、气压低、地广人稀和以传统游牧为主的生活特征等因素的限制下，城镇化水平很低，城镇化发展模式与路径必定不能走集中型城镇化道路。高原传统牧区的建设也应当参考"大分散、小集中"的城镇化推进模式，以此提升基础公共服务的效率，提升居民生活的便捷度。由于较高海拔区域大多属于偏远地区，且人口分布较为分散，拉萨市的各区、县海拔在 5000 米以上的连片贫困人口密集区可以实现易地扶贫搬迁政策。即，将偏远地区人口转移至海拔较低，且交通便利的区域是比较合理的选择。

第四节　拉萨市农牧区的"健康行动"

每个人都是自己健康的第一责任人，提倡科学运动、合理膳食也是面向未来的健康民生。本部分以长远发展的观念，通过对农牧区运动与膳食情况的调查，来展望未来农牧区如何开展"健康行动"。

一、高海拔的运动健康悖论

随着社会经济与科学技术的不断发展，社会文明程度不断提高，人们的生活观念也在不断转变。目前，人们生活节奏快，竞争激烈，整天忙于工作、学习，加上科技的进步，生活逐渐电子化，日常进行运动的机会越来越少，很多人由于缺少运动而导致身体处于亚健康状态，各种疾病日益显现出来。因此，人们对身体健康越来越重视，越来越主张多运动，运动对于人类健康也越来越重要，运动正逐渐成为人们日常生活的一个有机组成部分。运动之于健康的重要性已经达成了世界性的共同认识。根据《健康中国行动（2019—2030年）》，我国城乡居民经常参加体育锻炼的比例为33.9%，缺乏身体活动成为慢性病发生的主要原因之一。

随着海拔的升高，氧气含量随之下降，海拔在5500米时空气中氧气含量仅仅相当于海平面的一半，如表5–2所示。高海拔地区由于空气密度和氧气含量较低，低氧状态下运动对人体健康的影响需要另当别论。海拔与空气压力成正比，主要受到重力与密度等因素的影响，一方面地球重力尽可能将空气拉向地面，另一方面随着海拔升高，空气中的气体分子减少，因此变得更稀薄。已有研究表明，当海拔每提高1000米气压将会下降11kPa，海拔在4500米左右的高度其气压仅相当于标准气压的一半。因此，无论是气压还是含氧量都势必会对人身体和健康有影响。氧气是人体赖以生存的必备元素，与平原地域相比，高原空气中的含氧量低，身处高原最常见的身体伤害是呼吸困难。同时，身体组织会因为血液中氧气不足而氧合不充分，从而给身体执行重要生化功能的细胞带来有害影响。比如，一些人可能会发展成系统性和肺动脉高血压，或者夜间视力受损，或者发生急性高山病。在高原环境下运动更费力，如果在低海拔地区能跑10千米，高原或许只能跑6千米。

表 5–2　海拔高度与氧含量对比

海拔高度（米）	氧含量（%）
0	20.8
1000	15.5
1500	17.4
2000	16.3
2500	15.3
3000	14.4
3500	13.5
4000	12.7
4500	11.8
5000	11.1
5500	10.4

二、基于调查的运动情况

一般认为，经常参加体育锻炼是指每周参加体育锻炼频度 3 次及以上，每次体育锻炼持续时间 30 分钟及以上，每次体育锻炼的运动强度达到中等及以上；中等运动强度是指在运动时心率达到最大心率的 64%—76% 的运动强度（最大心率等于 220 减去年龄）。考虑到本调查区域的特殊性，对运动的界定根据高原特性因地制宜。所谓的运动是指转经、散步、磕长头等，日常放牧、种地不算运动。调查显示，692 名受访者中，表示自己每天运动的有 197 人，占比 28.47%，其余 495 名受访者表示不运动。平均每天运动 1 次的人群就医次数为 1331 次；平均每天运动 2 次的人就医次数为 4070 次，如图 5–12 所示。

调研人口总量对看病次数进行均值分析发现：平均每天运动 1 次的人群看病率为 1.38；平均每天运动 2 次的人群看病率为 1.65，如图 5–13

看病次数

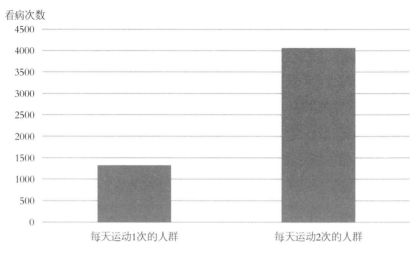

图 5-12　看病次数与运动次数（单位：次）

看病率（%）

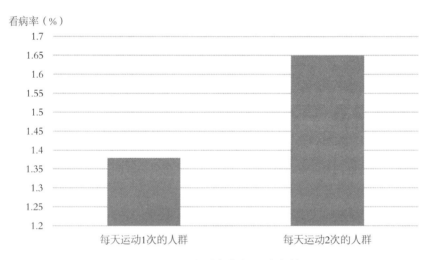

图 5-13　人均看病率与运动次数

所示。运动 2 次的人均看病率要远远高于运动 1 次的人。

　　长期生活在高原地区的居民，迫于高海拔地区的不可抗因素，身体健康会因个人体质差异带来不同程度的损伤。因此，在推广"健康中国"行动时，农牧区需要因地制宜、实事求是。首先要理念先行，普及健康知识。普及科学的健康运动知识，做好健康宣传工作是提高社区居民健康知识知晓率的重要举措，要研究清楚高海拔地区的高发疾病与致病原理，有利于增强社区居民的保健意识和防病抗病能力。其次要提倡科学锻炼。要充分发挥运动人体科学的规律，对高原区域活动予以科学论证，制订出更适合高原运动的科学方法，将科学的运动制作成指导手册分发给农牧民，让农牧民在科学的引导下实现有氧健康运动。最后要提倡西藏民族传统中的养生体育。丁玲辉（2001）认为西藏传统养生体育不仅理论独特，而且具有竞技运动和生命的整体优化观的特点，西藏传统养生体育在思想、精神、意识以及维护人体健康、增强人体体质等方面有着显著的健身意义。

三、农牧区饮食结构的特殊性

合理膳食是指一日三餐所提供的营养必须满足人体的生长、发育和各种生理、体力活动的需要，是保证健康的基础。近年来，我国居民营养健康状况明显改善，但仍面临营养不足与过剩并存、营养相关疾病多发等问题。2012年调查显示，我国居民人均每日食盐摄入量为10.5g（世界卫生组织推荐值为5g）；居民家庭人均每日食用油摄入量42.1g（《中国居民膳食指南》推荐标准为每天25—30g）；居民膳食脂肪提供能量比例达到32.9%（《膳食指南》推荐值上限为30.0%）。目前我国人均每日添加糖（主要为蔗糖即"白糖""红糖"等）摄入量约30g，其中儿童、青少年摄入量问题值得高度关注。2010—2012年，我国成人营养不良率为6%；2013年，5岁以下儿童生长迟缓率为8.1%，孕妇、儿童、老年人群贫血率仍较高，钙、铁、维生素A、维生素D等微量营养素缺乏依然存在，膳食纤维摄入明显不足。高盐、高糖、高脂等不健康饮食是引起肥胖、心脑血管疾病、糖尿病及其他代谢性疾病和肿瘤的危险因素。2016年全球疾病负担研究结果显示，饮食因素导致的疾病负担占到15.9%，已成为影响人群健康的重要危险因素。2012年全国18岁及以上成人超重率为30.1%，肥胖率为11.9%，与2002年相比分别增长了 32.0% 和 67.6%；6—17 岁儿童青少年超重率为 9.6%，肥胖率为 6.4%，与 2002 年相比分别增加了 1 倍和 2 倍。合理膳食以及减少每日食用油、盐、糖摄入量，有助于降低肥胖、糖尿病、高血压、脑卒中、冠心病等疾病的患病风险。

藏族食品分农区、牧区两类。农区食用青稞、豌豆、玉米、燕麦等粮食作物，炒磨成糌粑；佐以酥油茶，家境穷苦者仅能拌以用砖茶熬制加少许咸盐的清茶；另有牛羊肉类，以及萝卜、土豆、圆根等蔬菜。用糌粑或面粉加上一点肉或菜，煮成片儿汤，名曰土巴。牧区饮食以肉类和奶制品为主，肉或风干生食、或手抓火烤，奶则做成奶酪、奶皮、奶渣等食用，兼食糌粑或面食。藏民每天饮食不拘泥于顿数，少吃多餐，很多人习惯于日日饮青稞酒。生活在高原地区的居民生产和生活方式比较单一，农区的居民以种植青稞、小麦、油菜为主，种植品种单一，由于高原地理环境和气候条件的影响，"靠天吃饭"的比例很大，产量不高，因此，所获得的食物多样性相对较低。和平解放前西藏仅能产出土豆、萝卜等较少种类蔬菜，和平解放后，在中国农业科学院的不懈努力下，众多蔬菜都可以在西藏河谷地带的农区种植，但目前西藏牧区依然无法种植蔬菜，使得偏远地区一菜难求。偏远牧区依然保持旧传统下的以牛肉、甜茶、酥油茶等高热量、高脂肪食物作为主食。以当今的科学合理膳食作为标准，健康膳食主张以蔬菜和水果作为肉类的有效补充，蔬菜水果中饱含食物纤维，更有利于消化系统健康；而当前农牧区的膳食结构中，呈现出食物单一化、偏高脂肪高热量的特征。

四、基于调查的膳食情况

考察样本户家庭的蔬菜水果摄取情况。692 名受访者中，表示自己每天都吃蔬菜水果（包括辣椒）的有 528 人，占比 76.3%，其余 164 名受访者表示不吃。从蔬菜水果的摄入与看病次数的相关性来看，平均每天吃 1 次蔬菜水果的人群看病次数为 3948 次，平均每天吃 2 次蔬

菜水果的人群看病次数为 1453 次，蔬菜水果摄入量的增加与看病次数
形成倒挂，每天吃 2 次蔬菜水果的人群，看病次数只相当于 1 次摄取
人群的 37％，如图 5-14 所示。平均每天食用 1 次蔬菜的人群看病比
率为 4.57，平均每天食用 2 次蔬菜的人群看病比率为 0.57，如图 5-15
所示。

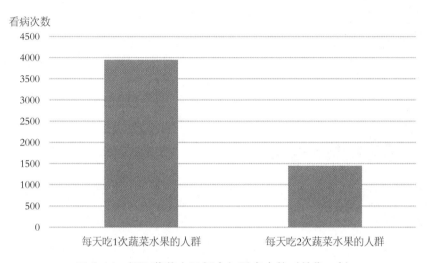

图 5-14　摄取蔬菜水果频次与看病次数（单位：次）

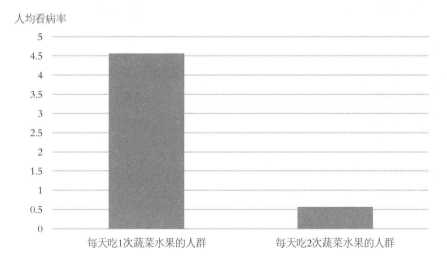

图 5-15　摄取蔬菜水果次数与人均看病率

健康与蔬菜水果的摄入有较大联系，且这种联系表现非常突出。膳食结构作为传统生活习惯很难在短期内打破，转变当地居民传统膳食的思想需要广泛传播，了解人体必需营养素及每日需求量，检查日常膳食中缺少或缺乏何种营养素，重视合理的餐饮搭配会更有利于健康。建议当地政府以乡村为单位，组织力量宣传合理膳食搭配的理念，全面推动实施《国民营养计划(2017—2030年)》，因地制宜开展营养和膳食指导，鼓励农牧民参与减盐、减油、减糖行动；在农牧区实施贫困地区重点人群营养干预，将营养干预纳入健康扶贫工作的内容；在农牧区继续推进实施农村义务教育学生营养改善计划和贫困地区儿童营养改善项目。

第五节 结论与建议

拉萨市人口密集区主要集中在城镇，农牧区所获得的医疗公共服务要远远少于城镇。此外，农牧民所处环境是引发高发疾病的重要诱因，农牧区人均医疗支出也居高不下。因此，就近建立医疗卫生诊疗机构与优化医疗卫生条件，培养高素质的医疗人员可实现"就近原则"，可为所在地区偏远的农牧民解决"看病远、看病贵、条件差"的一系列问题。这方面可以借鉴一些国际经验。目前世界上100多个国家采取国家医疗服务体系的保障模式。[1] 以英国国家医疗服务体系为例，其分两大层次：第一层次是以社区为主的基层医疗服务，例如家庭医生（General Practitioner，GP）、牙医、药房、眼科检查等，每一个英国居民都得在家居附近的一个GP诊所注册，看病首先约见GP，任何进一步的治疗都必须经由第一层次的基层医疗转介；第二层次医疗以医院为主，包括急症、专科门诊及检查、手术治疗和住院护理等。因此，随着移动互联

---

① P. Krugman, R. Wells, "The Health Care Crisis and What to Do about It", *New York Review of Books*, Vol. 53, No. 5 (2006).

网、物联网、云计算、可穿戴设备等新技术的发展，推动健康大数据的应用，逐步转变服务模式，提高服务能力和管理水平，使得健康信息服务和智慧医疗服务惠及每一位农牧民。例如，通过加强农牧民的健康信息化建设，使全员人口信息、电子健康档案和电子病历三大数据库基本覆盖所有海拔区域并保持信息动态更新。

大力推进健康西藏建设，宣传健康的生活方式，对农牧民进行医疗知识的普及，让处于偏远地带的农牧民能够在生小病时及时控制住病情。增加各年龄段所有人的福祉：加快县乡医疗卫生服务体系一体化建设，提高每千人拥有执业医师的比例，扩大医疗资源的覆盖面；完善统一的城乡居民基本医疗保险制度和大病保险制度，对高原多发疾病产生的医疗费用，通过医疗保险支付和商业保险赔付后仍有困难的，财政予以补助；健全妇幼保健和基层优生优育服务体系，减少导致母婴死亡的常见病，参照现代化水准提高孕产妇住院分娩率，降低孕产妇和婴儿死亡率。

针对农牧区的特殊情况，尤其是生活在牧区的居民由于距离差会造成医疗支出高和"有病难就医"的窘境，需要"对症下药"：将医疗机构开设到距离牧民居住地近的三角区域、增加医疗机构数量；临近的医疗和卫生机构可以每年定期或不定期为当地居民提供相应的体检活动，并且如果条件允许，可以对相应患病人群进行全面检查，不定期组织医疗人员上门就诊，开展以高原健康知识普及为主题的讲座；对医疗卫生机构进行培训，提高医疗人员就诊质量，在改善医疗卫生环境的条件下增加医疗诊所的开设量。长期生活在偏远地区的农牧民由于信息不对称缺乏参保意识，家里若有人发生重大疾病或因为重大疾病去世无法负担高额的医疗支出，让原本入不敷出的农牧民家庭陷入窘境。政府支持保险公司进行投保知识的宣传，同时，保险公司和政府协商提高保险共保比例，鼓励农牧民参保，可以更大程度上减少农牧民参保的负担，增强重大疾病发生时应对风险的能力。年龄较大的农牧民文化水平更低，有更多语言不通的情况，应该加大对农牧民的宣传教育，定时定期到农牧区为农牧民讲解保险知识，让农牧民能够充分理解和认识保险的作用和意义，参保合适的险种。

不断增强卫生健康服务体系的公平性和可及性，缩小区域间卫生人力资源的分布差异。深化医药卫生体制改革，推进医疗卫生体系建设，建成覆盖城乡居民的15分钟健康服务圈已经成为共识。第五次国家卫生服务调查结果显示，90.3%的家庭离最近的医疗机构在3千米以内，其中63.9%的家庭在1千米以内，80%以上的居民15分钟内能够到达最近的医疗点。在全国卫生健康服务体系建设迈上快车道的同时，西藏农牧区要继续扎实推进各项医疗改革，积极响应世界卫生组织提出的"以人为本的整合型卫生服务"（People-centered Integrated Health Care，PCIC）的全球战略，以提升服务能力为导向、完善运行机制为核心，进一步夯实基层医疗卫生服务体系；全面推行多种形式的医联体建设，深入开展家庭医生签约服务，初步建立分级诊疗就医格局，强化覆盖全民的公共卫生服务网络，让预防为主的工作方针逐步得到落实，向建立以强大的基层卫生服务为基础、以人为本和注重质量一体化的新型服务提供体系转型，让农牧民多层次、多样化的健康需求日益得到满足。

第六章

普惠金融专题

　　普惠金融是世界银行 2005 年宣传国际小额信贷年时提出的概念，旨在立足机会平等要求和商业可持续性原则，以合理的成本为有金融服务需求的社会各界人群尤其是传统金融难以触及的贫困人群提供适当、有效的金融服务（张珩等，2017）。普惠金融自提出起便成为大多数发展中国家解决贫困问题和低收入人群特别是农民融资困难的一种有效的金融制度安排。构建普惠金融体系的目标在于完善农村金融市场竞争结构，服务广大农民和弱势群体，内生性地满足农村各类经济主体的融资需求，同时实现金融机构自身的可持续发展。在中国，普惠金融整体处于起步阶段，地区间发展不平衡，特别是农村地区的金融排斥现象较为严重，金融产品和金融服务的供给缺乏针对性（郭连强、祝国平，2017）。在中央及西藏自治区政府对普惠金融发展的重视程度逐渐提升的大背景下，如何有效促进西藏普惠金融发展？如何有针对性地制定出相应的对策建议？回答这些问题都必须建立在对西藏普惠金融发展现状的客观认识基础之上。

　　鉴于此，在 2018 年的调查中，我们对普惠金融专题部分问卷进行了进一步扩充。调查了拉萨市农牧民包括金融服务可得性、金融服务使用情况、金融服务满意度、金融素养与能力以及互联网金融等相关情况。本章基于 2018 年调查数据，对西藏自治区拉萨市农牧区普惠金融发展现状进行客观评价。

第一节　研究背景

中国经济现已迈入发展新时代，但是城乡间金融发展不平衡、金融为"三农"服务不充分，严重制约着乡村振兴战略和区域协调发展的有效实施。普惠金融旨在坚持市场化原则的基础上消除贫困、实现社会公平和经济包容性增长。中央在"十三五"规划建议中，明确提出要"发展普惠金融"，在国家决策层面清晰地传递了政策信号。而后在中央全面深化改革领导小组第十八次会议上审核通过了《推进普惠金融发展规划(2016—2020 年)》。在我国经济新常态下，如何真正实现普惠金融"可持续性发展"并服务更广泛的社会群体，已成为备受关注的问题。发展普惠金融，中短期而言，可以助力我国到 2020 年全面建设小康社会目标的实现；长期而言，可以促进金融与经济的可持续发展，增进社会公平。近年来，我国普惠金融发展呈现出服务主体日益多元化、服务覆盖广度和深度增强、数字普惠金融发展迅速等特点。

2018 年 1 月，西藏自治区政府向全区批转了《西藏自治区普惠金融发展规划（2016—2020 年)》，西藏普惠金融发展有了整体的战略规划和顶层设计。该《规划》主要从构建多元化、广覆盖的机构系统，积极引导各类普惠金融服务主体创新金融产品和服务手段，加快推进西藏金融基础设施建设，发挥政策引导和激励作用，加强普惠金融教育和金融消费者权益保护五个方面，重点推进西藏辖区普惠金融发展工作，力争到 2020 年全面建成与西藏经济社会相适应的普惠金融服务和保障体系，有效提高金融服务的可得性，明显增强社会各界尤其是农牧民、中小微企业和弱势群体对金融服务的获得感，提升金融服务的满意度，让金融改革与发展成果更多更好地惠及西藏社会各界。

据统计，2017 年西藏农牧区人口占西藏总人口比重为 69.1%。近些年来，在国家政策扶持下，尤其是精准扶贫政策实施以来，农牧区经济取得了稳定快速发展，但与城镇相比，农牧区的金融服务发展明显滞后。农牧区普惠金融体系建设的落后，严重制约着农牧区经济进一步发展。因此，有必要对西藏农牧区普惠金融发展现状进行客观评价，从而有针对性地提出相应政策建议。

第二节 金融服务供给与金融服务可得性调查

一、宏观金融服务供给变动

金融机构的地理分布直接影响着金融服务的可及性，衡量普惠金融发展情况，其中一个重要指标是金融服务的可得性。近十年来，在国家宏观政策大力扶持下，西藏的金融供给主体逐渐多元化，各类金融机构从无到有、从单一到全面，已初步形成了包括银行、证券期货、保险、信托、金融租赁、小额信贷公司、融资担保机构等在内的金融服务供给体系，基本适应了多层次的金融需求。银行机构体系也逐渐完善，基本形成了以政策性金融机构、全国性大型商业银行、地方性商业银行与新型农村金融机构为主体的银行业机构体系格局。截至 2018 年，西藏拥有银保监会经营许可证的网点达到 717 家，金融服务供给不断增强。但是，西藏金融机构网点布设不均匀，大部分营业点集中在拉萨市市区范围内，为广大农牧区提供金融服务的机构以中国农业银行为主。同时，由于农牧区地广人稀，金融机构网点布设相对分散，人员配备相对不足。因而，金融服务的可得性是制约农牧区普惠金融发展的重要因素。

二、金融服务可得性情况

2018 年拉萨市农牧区民生发展调查抽样的 61 个村中（总抽样数为 63 个村，因 2 个村缺失数据，因而，实际有效样本为 61 个），有占比近45%的共27个村距离市中心、县城距离达30千米以上。到中心城市的距离是制约农村家庭金融服务可及性的重要因素。在调查的692户家庭有效样本中，有近50%家庭常用的交通工具到最近的金融服务网点需要半个小时以上，如图6-1所示。金融机构设置偏少，交通设施不健全是制约拉萨市农牧民金融服务可得性的重要因素。

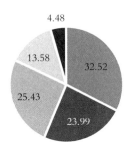

■ 15分钟以内　■ 15分钟—半个小时　■ 半个小时—1个小时
■ 1个小时以上　■ 不清楚

图6-1　到最近银行服务网点所需时间占比（单位：%）

在金融服务相对落后的农牧区，金融服务仍然需要借助于传统的网点供给，从调查结果来看，有占比77.31%（535户）的家庭，距离最近的正规金融服务形式还是传统的银行网点柜台，如图6-2所示。

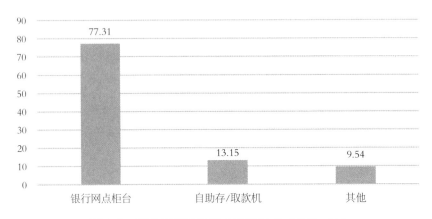

图6-2　距离最近的正规金融服务点（单位：%）

　　银行网点柜台仍是拉萨市农牧民获取金融服务的最便捷方式，仍有占比近 50% 的家庭到最近银行服务点的时间超过半小时以上。有高达 22.6% 调查对象表示对常去金融服务点的工作人员数量不清楚，有近 36% 的调查对象表示常去的银行服务点工作人员数量在 3 人或 3 人以下，如图 6-3 所示。

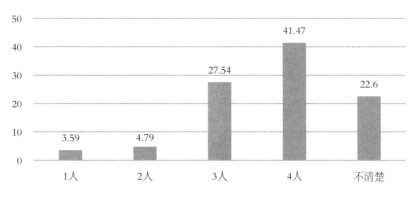

图 6-3　常去的银行服务网点机构工作人员数量（单位：%）

　　近年来，为了提升农牧区金融服务可得性，中国农业银行推出了助农取款点服务。但助农取款机具的使用情况却并不是很理想。在调查的 61 个有效样本村中，其中有 23 个村表示设立了助农取款点，其中只有 8 个村表示助农取款机具经常使用，有近 43.5% 的村表示很少用，有占比超过 20% 的调查村表示几乎不用或从没用过，如表 6-1 所示。很少用或几乎不用的原因主要集中于两点：其一，无这方面的需求；其二，不会操作。这表明，助农取款点的设置可能没起到预先期望的效果。

表 6-1　助农取款机具使用情况

助农取款机具使用频率	数量（村）	占比（%）
经常用	8	34.78
很少用	10	43.48

助农取款机具使用频率	数量（村）	占比（%）
几乎不用	2	8.70
从没用过	3	13.04
总计	23	100.0

第三节　金融服务使用情况

一、宏观金融服务使用

近些年来，随着国家对普惠金融发展逐渐重视，西藏自治区政府及相关金融机构为推动西藏普惠金融发展做出了大量的努力，不断提升金融服务可得性，西藏存贷款增长带动了西藏 GDP 增长，如图 6-4 所示。但是具体的金融服务供给是否得到有效的应用？是否有效满足了广大农牧区家庭的金融需求？最终还是要体现在农牧区家庭的金融服务的实际使用上。

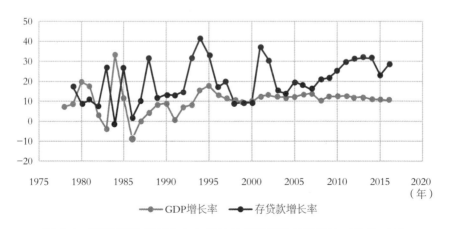

图 6-4　西藏 GDP 增长率与存贷款总额增长率情况统计（单位：%）

西藏农牧区金融发展相对缓慢，农牧区尤甚。农牧民家庭存在银行卡使用频率偏低、存款意识淡薄、贷款主要用于日常消费等现象，制约了农牧区普惠金融进一步深化发展。

二、微观调查金融服务使用情况

考虑到农牧区金融服务的使用主要集中于传统的存贷款业务，因此，调查内容主要涉及存款、贷款、银行卡业务以及保险产品的使用情况。

（一）银行卡的使用情况

银行卡的使用率相对较低，超过50%调查对象只是偶尔使用银行卡，有超过25%的调查对象完全不使用银行卡或不清楚，如图6-5所示。银行卡使用率低可能受农牧民对银行卡功能了解程度的直接制约，有占比13.15%的调查对象对银行卡功能完全不了解，如图6-6所示。

每年获得政府补贴时，有61.13%的家庭直接以现金的形式获得，仅有26.30%的家庭的补贴通过银行卡发放，有8.96%的家庭现金和银行卡两种方式都用，如图6-7所示。

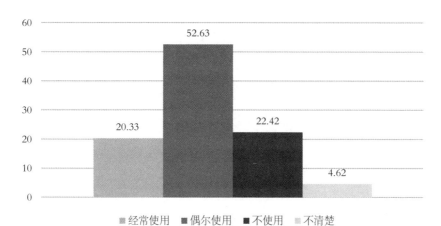

图6-5　银行卡使用情况（单位：%）

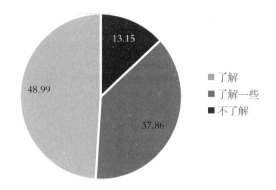

图6-6　银行卡功能的了解情况（单位：%）

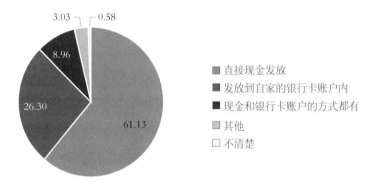

图6-7　接受政府各类补贴的发放方式（单位：%）

从接受政府补贴的方式来看，47.98%的家庭认为无所谓，补贴打银行卡和发放现金都一样；25.86%的家庭希望政府补贴打银行卡；22.11%的家庭希望政府补贴以现金的形式发放，如图6-8所示。表明拉萨市农牧民家庭对银行卡的使用并没有特别的偏好。

有占比22.11%的家庭表示不喜欢政府的补贴打卡，一个很重要的原因是不清楚银行卡的用途，另外就是因为银行卡使用太麻烦，不够方便。可见要提高西藏金融机构在农牧区的金融普惠度，须重视银行卡、金融产品、互联网金融等知识的普及，如表6-2所示。

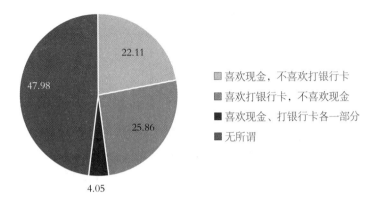

图 6–8　喜欢用哪种方式获得政府补贴（单位：%）

表 6–2　153 户调查对象不喜欢打银行卡的原因统计

原因	数量（户）	频率（%）
不清楚银行卡的用途	72	47.06
银行卡使用太麻烦，不够方便	57	37.25
家里人都没有开设银行账户，没有银行卡	5	3.27
对银行卡的安全性不放心	11	7.19
不喜欢银行卡	6	3.92
其他（不太会用卡）	2	1.31

另外，拉萨市农牧民家庭银行服务功能使用较为基础、单一，新型银行服务在农牧区使用率较低，如图 6–9 所示。银行提供的金融服务中，使用最多的是到柜台办理业务，占比高达 45.81%；其次是自助取款、自助存款，而相对来看，农牧民家庭对自助取款的使用率要比自助存款高。新型银行服务网上银行、自助缴费使用率相对较低，只有占比 2.75% 的家庭使用过网上银行，占比 1.16% 的家庭使用过自助缴费功能。

总体来看，农牧民家庭使用最多的银行服务是自助存款、自助取款以及到柜台办理等传统金融服务方式，而且相对自助存款，农牧民对自助取款的接受使用度更高。同时，有高达 40.75% 的调查对象表示半

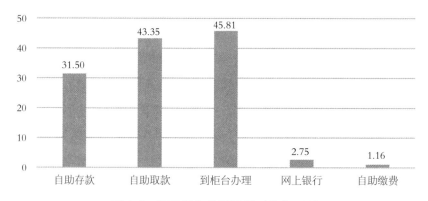

图 6-9　银行服务使用情况（单位：%）

年至一年去一次银行，有 19.36% 的调查对象表示从未去过银行，如图 6-10 所示。整体来看，银行服务使用率偏低仍是拉萨市农牧区金融服务使用的现实情况。

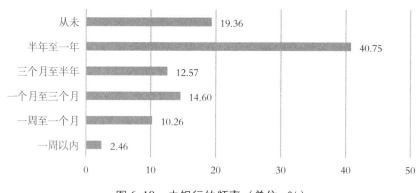

图 6-10　去银行的频率（单位：%）

（二）存款情况

拉萨市农牧民的存款率相对较低，在调查的 692 户家庭中，有 404 户家庭没有活期存款账户，占比高达 58.38%，拥有活期存款账户的家庭占比 41.62%，如图 6-11 所示，远低于中国家庭金融调查中心 2014

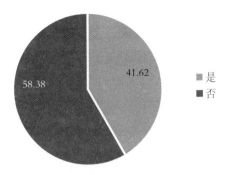

图 6-11　活期存款情况（单位：%）

年的全国平均 56.6% 的水平①。没有活期存款账户的主要原因是资金有限，如表 6-3 所示。

表 6-3　没有活期存款账户的原因

原因	数量（户）	占比（%）
资金有限	354	85.10
银行网点距离太远	4	0.96
不安全	10	2.40
不知道怎么开通账户	33	7.93
其他（注明）	15	3.61

在调查的 692 户家庭中，没有定期存款的达 627 户，占比高达 90.61%，也就是说拥有定期存款账户的家庭占比只有 9.39%，远低于中国家庭金融调查中心 2014 年全国调查结果，如表 6-4 和图 6-12 所示。

表 6-4　拉萨市农牧区家庭定期存款账户拥有比例

区位	拥有比例（%）
全国	17.4
城镇	21.4

① 甘犁等：《中国家庭金融调查报告 2014》，西南财经大学出版社 2015 年版，第 99 页。

区位	拥有比例（%）
农村	12.2
东部地区	23.6
中部地区	14.1
西部地区	12.6
拉萨市农牧区	9.39

数据来源：表中拉萨市农牧区数据由调查所得；其他数据来自中国家庭金融调查中心：《中国家庭金融调查报告 2014》。

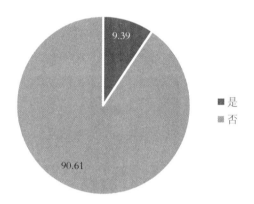

图 6–12　定期存款拥有情况（单位：%）

存款率相对较低，从统计原因的分析可以看出：影响拉萨市农牧区家庭存款较少的最大原因是家庭资金匮乏。有 85.10% 的家庭没有活期存款账户，有 54.93% 的家庭没有定期存款的原因均为资金有限，如表 6–5 所示。

表 6–5　没有定期存款账户的主要原因

原因	数量（户）	占比（%）
收益太低	225	27.71
资金有限	446	54.93
期限不灵活	74	9.11

续表

原因	数量（户）	占比（%）
有其他渠道投资	14	1.27
其他（注明）	53	6.53

（三）贷款情况

在调查的 692 户家庭中，有 494 户的家庭申请过贷款，占比高达 71.39%，如图 6–13 所示。在申请过贷款的 494 户家庭中又有高达 64.98% 的家庭，申请过 1 笔以上的贷款，如表 6–6 所示。

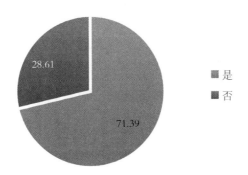

图 6–13　是否申请过贷款（单位：%）

表 6–6　从银行贷款次数统

贷款次数	数量	占比（%）
1 笔	173	35.02
1 笔以上	321	64.98
合计	494	100.00

在获得贷款的 494 户家庭中，有 489 户家庭都是从中国农业银行获得的贷款，占比高达 98.99%，如图 6–14 所示。另外有 5 户家庭从其他渠道获得贷款，其中，有 1 户是从农村商业银行获得贷款，1 户是从西藏银行获得贷款，3 户表示不清楚。贷款的用途主要集中于小额日常消

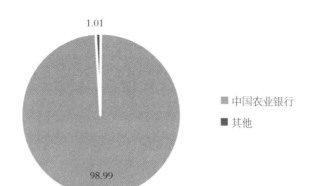

图6-14　获得贷款银行（单位：%）

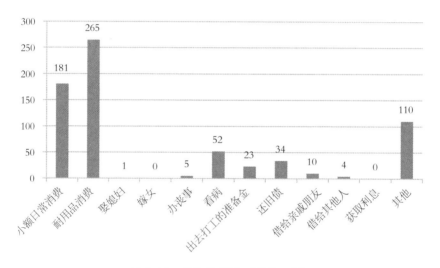

图6-15　贷款的用途（单位：户）

注：其他包括买牲畜、买车、建房、供子女上学、做生意等。

费、耐用品消费等消费性贷款，如图6-15所示。

　　贷款使用率相对较高，这主要得益于中国农业银行在西藏推出的特色"四卡信用贷款"。西藏95%的农牧民都在使用"钻金银铜"四卡信用贷款产品，持卡去任何中国农业银行网点，都可以随时用随时还额度内的资金，并执行最优惠的利率。"四卡信用贷款"的推出简化了贷款手续，为改善贷款使用情况起到了重要作用。

　　拉萨市农牧民除了向银行贷款，还有 40.31% 的农牧户向其他人或者机构借过钱，比例也相对较高。有借贷经历的农牧家庭，向近亲借款的比例为 75.99%，向远亲借款的比例为 14.34%，向朋友同事借款的比例为 28.67%，向民间金融组织借款的比例为 3.58%，详细统计结果如表 6-7、表 6-8 所示。

表 6-7　除了银行贷款之外，是否向其他人或机构借过钱

情况	数量（户）	占比（%）
以前借过，目前已还清	94	13.58
有贷款，目前还没还清	185	26.74
从来没有借过	404	58.38
不清楚	9	1.30
合计	692	100.00

表 6-8　借款对象

渠道	选择（户）	总数（户）	占比（%）
近亲	212	279	75.99
远亲	40	279	14.34
朋友 / 同事	80	279	28.67
民间金融组织	10	279	3.58
其他	11	279	3.94
不清楚	0	279	—

注：其他包含 3 户向邻居借，1 户向乡政府借，3 户向村委会借。

　　从农牧户借款渠道看，除了中国农业银行外，近亲是农牧户借款的另一主要渠道，占据家庭非银行借贷的 75.99%。可见家庭的社会资源直接影响家庭能否借到款，民间金融组织并没有发挥普惠金融的作用。

　　农牧户没有通过银行借款，而是向其他人或机构借款的原因主要包括：有 62.37% 的农牧户认为这种借款方式无利息、利率低；有 60.57%

的农牧户认为私人关系好、借款容易；有 **27.96%**的农牧户认为获取非银行贷款渠道的程序相对简单；另外还有农牧户表示之所以通过非银行渠道贷款，是由于银行贷款期限、额度不能满足资金需求等，如表 6-9 所示。

表 6-9　为什么选择向此类机构 / 人贷款或借钱

原因	数量（户）	占比（%）
无利息、利率低	174	62.37
获取贷款的（非利息）费用低	16	5.73
获取贷款的程序简单	78	27.96
获取贷款的申请条件低	17	6.09
私人关系好	169	60.57
有业务往来	8	2.87
银行贷款的贷款期限不能满足资金需求	23	8.24
银行贷款的贷款额度不能满足资金需求	29	10.39
其他	13	4.66

在调查对象中有超过 **67%**的农牧家庭有申请过贷款，这与西藏宏观数据关于贷款使用情况的结论相符，贷款渠道主要来自于中国农业银行，贷款的用途以消费性贷款为主。

（四）保险产品的使用

从保险产品使用情况看，除农牧业险、养老险、新农合等获得政府补贴较多的政策性保险外，消费最多保险的是车险，其他险种的购买相对较少，如图 6-16 所示。这与西藏较大力度金融扶持政策有关，例如，在我们调查过程中发现政府会给家庭直接购买农牧业保险，基本不需要农牧民自己再去购买；相对而言，意外险、重疾险等商业性保险的消费相对较少，这也意味着西藏保险业未来会有较大的发展潜力。

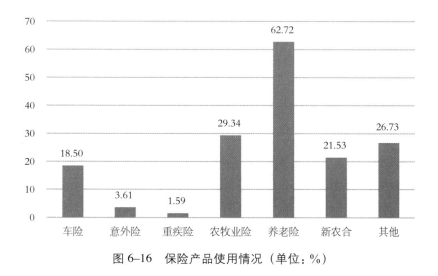

图6-16　保险产品使用情况（单位：%）

第四节　金融服务满意度

一、金融服务满意度

顾客满意是金融机构维系和争取顾客的战略目标，是行业成功运行的关键因素，通过提高顾客满意度来提升金融机构核心竞争力已成为主流趋势（卢盼盼、张长全，2017）。自20世纪80年代开始，国外学者们对金融行业顾客满意度进行了深入的理论和实证研究，众多研究结果表明，顾客满意度对保留顾客、营造长期和谐的顾客关系起着至关重要的作用，顾客满意度已然成为现代金融机构生存和发展的关键因素之一。西藏农牧区金融机构由于受经济发展水平及金融竞争不充分等因素的影响，金融服务水平和质量与城市金融机构有着较大差距，如何提升西藏农牧区金融服务的满意度，成为当前亟待研究的现实问题。

二、拉萨市农牧区金融服务满意度情况

对银行服务整体满意的家庭占总样本的80.05%，整体满意度较高。

比较来看，"办理业务前的等待时间、机构网点的分布和数量"的满意度相对较低，如图6-17所示，银行未来可以通过提升业务办理效率或增加网点服务人员以减少顾客的等待时间，以及尽可能地增加机构网点的布设来进一步提升金融服务的满意度。

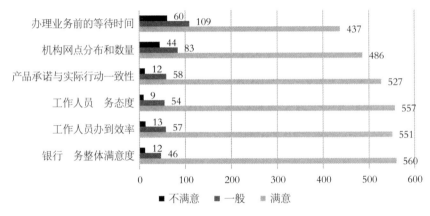

图6-17　银行服务满意度（单位：户）

第五节　金融素养与能力

一、金融素养与能力

金融素养是指人们拥有的经济金融知识和有效管理金融资源的能力，并且能够有意识地运用这些知识和能力做出合理的金融决策，从而提高其一生的金融福祉。大量研究表明，金融素养会影响家庭的金融行为。家庭财富积累情况与金融素养水平之间有明显的正向相关性（Lusardi、Mitchell，2007；卢亚娟、张菁晶，2018），金融素养水平高的家庭资产组合的有效性也会更高（吴卫星等，2018）。在我国，金融素养的相关研究起步较晚，但2013年之后，政府及学术界对金融素养的重视不断提升。更高水平的金融素养可以促使消费者更好地学习金融、了解金融，从而享受金融业改革发展的成果。同时，随着金融改革不断深化发展，对居民金融素养的要求也在不断提升。

二、拉萨农牧区家庭金融素养与能力调查情况

西藏农牧区地广人稀，农牧民更侧重习惯传统的生活方式，缺少现代的经营理念和金融知识，因而金融素养相对较低。

在我们所调查的 692 户家庭中，高达 75% 的调查对象在拿人民币时没有意识去鉴别真伪。有意识鉴别真伪的 173 户调查对象中，近 6.36% 的用户完全不会鉴别真伪，如表 6–10 所示。当存折（银行卡）遗失或密码忘记时，仍有高达近 20% 的调查对象表示会"让金融机构把钱退给自己"，5.20% 的调查对象表示会"找熟人取回钱"，有 1.01% 调查对象表示会"自认倒霉，就当钱丢了"，另有 20% 的调查对象因为没遇到过，表示不知道如何处理这种情况。

表 6–10　鉴别人民币真伪的能力

会鉴别人民币真伪吗	数量（户）	占比（%）
会	74	42.77
会一点	88	50.87
不会	11	6.36

以上可见，农牧区家庭金融知识仍然相对欠缺。村问卷调查结果显示，在 61 个有效样本村中，有超过 85% 的村庄在 2017 年有银行工作人员来本村向村民宣传过银行业务与金融知识，有 44% 的村委会一般都有准备银行或金融的宣传资料待村民索取。这表明，银行等金融机构为了提升农牧民的金融素养还是做了一些努力，但是未来宣传方式与内容上须进一步努力改进，提升针对性及有效性。

第六节　互联网金融

一、互联网金融发展的意义

党的十八届三中全会中将"发展普惠金融"作为金融改革的重点，随后在《中共中央　国务院关于落实发展新理念加快农业现代化　实现全面小康目标的若干意见》中进一步强调通过"发展普惠金融"进一步支持农村现代化建设。在众多的普惠金融发展举措中，借助逐渐发展的通信技术开展农村普惠金融的做法受到政府的高度重视。互联网金融不一定是普惠金融，普惠金融也不等于互联网金融。但是，互联网也好，大数据也好，在解决弱势主体金融服务问题时具有独特的优势，提高金融服务效率的同时也提升了金融服务体验，从而提高了金融服务的可得性。以互联网为代表的新一代信息通信技术的快速普及，为解决普惠金融发展面临的可持续性与普惠性之间的矛盾带来了希望。

原银监会在 2011 年发布的《进一步推进空白乡镇基础金融服务工作的通知》中提出，要通过积极发展电话银行、手机银行等，消除一些乡镇金融服务空白。在 2014 年发布的《推进基础金融服务"村村通"的指导意见》中，鼓励银行机构在通信条件好的村利用互联网、移动通信网等互联网金融技术延伸村级基础金融服务，打通农村金融服务"最后一公里"。国务院在 2015 年 7 月出台的《关于积极推进"互联网 +"行动的指导意见》中，将"互联网 +"普惠金融作为重点行动之一。技术可以促进农户普惠金融发展（徐光顺等，2018），手机在农村或城市贫民区的使用，为当地居民提供了获取正规金融服务的便利，有助于实现金融普惠目标（Geach，2007）。研究表明，人均手机拥有量越多的国家，存款渗透率、贷款渗透率也会越高（Kendall, et al., 2010）。科技创新为普惠金融发展插上了腾飞的翅膀。

二、拉萨市农牧区互联网金融使用情况

西藏农牧区地广人稀，如果想借助传统的增设金融服务网点的方式提升金融服务可得性，存在着不经济的现实问题，网点设置后往往会存在由于业务量较小而无法维持网点正常运转的现实问题（王博等，2017）。近年来，随着国家对西藏通信网络基础设施投资力度的不断加大，广大农牧区的移动通信网络条件也在逐渐改善。在我们所调查的 61 个村中，100%实现了网络覆盖，如表 6–11、表 6–12 所示。移动通信技术的发展为将来借助手机、互联网推动普惠金融发展创造了重要的条件。

表 6–11 拉萨农牧区调研村庄整体移动网络发展情况

网络	覆盖村庄		未覆盖村庄	
	数量（个）	占比（%）	数量（个）	占比（%）
中国移动网络	60	98.36	1	1.64
中国联通网络	40	65.57	21	34.43
中国电信网络	59	96.72	2	3.28

表 6–12 拉萨农牧区调研村庄整体移动网络覆盖情况

三网覆盖数	村庄数量（个）	占比（%）
仅有一个通信网络覆盖的村	2	3.28
有两个通信网络覆盖的村	20	32.79
三网全覆盖的村庄数	30	63.93
无网络村庄	0	0

但是，农牧民家庭互联网金融产品使用情况调查结果显示，拉萨市农牧区互联网金融发展仍然相对落后。在我们调查的 692 户家庭中，从来没有使用手机进行过支付的样本 596 户，占比高达 86.13%，如图 6–18 所示。之所以从来没用过，有三大主要原因：从来没听过这些服务；听说过，但没去了解过；去了解过，但不会操作，如图 6–19 所示。这间接说

明了互联网金融手段宣传教育不到位是制约互联网金融使用的主要因素。未来西藏农牧区普惠金融发展可大力对互联网金融产品使用进行宣传与指导，从而借助互联网平台提升金融服务的普及率。

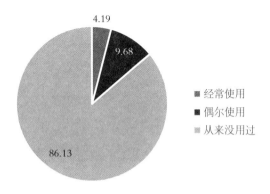

图 6-18 是否用手机进行过支付（单位：%）

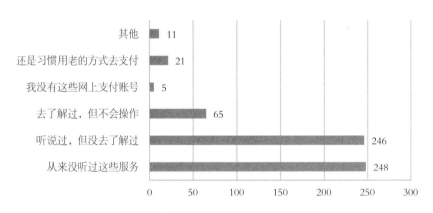

图 6-19 从来不使用手机支付的原因

第七节 结论与建议

一、结论

（一）金融服务可得性

拉萨市农牧区金融服务可得性偏低，金融机构设置偏少，交通设施不健全是农牧区金融发展滞后的重要原因。中国农业银行为了提升农牧区金融服务可得性，设置了助农取款点，但助农取款机具的使用情况却不理想。

（二）金融服务使用情况

银行卡的使用率相对较低，农牧民家庭使用最多的银行服务是自助存款、自助取款以及到柜台办理等传统金融服务方式，相对自助存款，农牧民对自助取款的接受使用度更高。同时，影响拉萨市农牧区家庭存款等基本金融服务使用率的最大障碍是个人资金匮乏。

（三）金融服务满意度

对银行服务整体满意度较高。比较来看，"办理业务前的等待时间、机构网点的分布和数量"的满意度相对较低，银行未来可以通过提升业务办理效率或增加网点服务人员以减少顾客的等待时间，以及尽可能提升机构网点的布设来进一步提升金融服务的满意度。

（四）金融素养与能力

大部分农牧民在拿到人民币时没有意识去鉴别真伪。当存折（银行卡）遗失或密码忘记时，仍有高达近20%的调查对象表示会"让金融机构把钱退给自己"，5.20%的调查对象表示会"找熟人取回钱"，有1.01%调查对象表示会"自认倒霉，就当钱丢了"，另有20%的调查对象因为没遇到过，表示不知道如何处理这种情况。

（五）互联网金融

拉萨市农牧区互联网金融发展仍然相对落后。高达86.13%的农牧民从来没有使用手机进行支付，说明了互联网金融手段宣传教育不到位，这可能是制约互联网金融使用的主要因素。未来西藏农牧区普惠金融的发展可大力对互联网金融产品使用的宣传与指导，借助互联网平台提升金融服务的普及率。

二、建议

（一）进一步改进基础设施条件，提升金融服务可得性

重新布局拉萨市农牧区金融服务网点空间分布，提升金融供给的硬件设施支撑程度，加强金融产品宣传推广频次，重视金融产品设计本土化，从而提升金融服务可得性与接受度。

（二）培养农牧民家庭保险意识，扩大保险的有效需求

由于受农牧区经济长期不发达、金融市场发展相对落后、农牧民文化水平信仰等因素的制约，农牧民家庭对保险的本质、内涵的认识还处于相对初级阶段。从调查实际来看，目前在拉萨市农牧区由于政府给予了农牧业保险大量的援助支持，因而农牧业保险发展相对较好。未来，随着市场经济的发展，要不断培养提升农牧民家庭的保险意识，扩大保险有效需求。在农牧区开展农业保险宣传等文艺表演，让农牧民意识到保险在降低灾害损失、维护家庭经济稳定中的重要作用。提升农牧民家庭对重大疾病险等其他商业保险的认识，商业保险特别是重大疾病险的发展可以有效解决"因病致贫，因病返贫"等贫困问题的发生。

（三）提升金融素养及金融知识

定期举办金融宣讲会，针对农牧民金融认知偏差，实施有针对性的帮扶策略，拉进金融和农牧民的距离。设计一套金融知识完善农牧区的激励机制，把最新的金融政策、金融服务以通俗易懂的方式传递给农牧民。

（四）互联网金融促进普惠金融

运用技术驱动，推进数字普惠金融发展。在广大农牧区，若依靠增设物理网点的方式增加金融服务供给，可能存在金融服务供给不经济的问题。"互联网+"技术为解决普惠金融发展的成本与效率问题带来前所未有的可能性。要推动以技术为中心的基础设施建设，发展基于现代信息技术的普惠金融，此外，要通过完善互联网基础设施，加强互联网金融知识宣传等措施推进互联网金融的发展与应用。

第七章

牦牛专题

"民生连着民心，民心凝聚民力"，保民生与促经济具有相同的内在逻辑。2017 年，西藏自治区农牧民（农村居民）人均可支配收入仅占全体居民人均可支配收入的 66.83%，拉萨市农牧民人均可支配收入为10330.21 元，虽然略高于全区平均水平[①]，但仅占全国居民人均可支配收入的 39.77%[②]。可见，拉萨市农牧民收入整体偏低，与全国平均水平还存在较大差距，作为省会城市的拉萨市如此，其他地市农牧民收入状况可见一斑。改善民生重在具体落实，2016 年习近平总书记在宁夏考察时强调，"发展产业是实现脱贫的根本之策。要因地制宜，把培育产业作为推动脱贫攻坚的根本出路。"牦牛不仅具有天然的经济价值，而且在西藏人民心中拥有特殊的地位，西藏自治区作为我国以牦牛产业为主的畜牧业生产地区，完善其产业链可以拓宽农牧民增收渠道，提高农牧民收入，进而提升农牧区民生满意度。

本章使用拉萨市农牧区民生发展调查（2018）数据，在分析拉萨市牦牛饲养与民生基本事实基础上，从三次产业关联的视角分析拉萨市牦

---

① 西藏自治区统计局：《2017 年西藏统计公报》，2018 年，http://tjj.xizang.gov.cn/。
② 相关数据来自《西藏统计年鉴（2018）》。

牛产业的扶贫效应。

第一节　牦牛饲养与民生

保障和改善民生要抓住人民最关心最直接最现实的利益问题。牦牛产业是与农牧民生活息息相关的产业，牦牛作为农牧民家庭资产的重要组成部分，既是衡量农牧民家庭收入状况的重要因素，也是促进农牧民增收的重要手段。

本节从农牧民生活的基本状况入手，分析牦牛饲养与民生四个维度，即居民生活、公共服务、公共安全与生态文明的关联情况。

一、拉萨市农牧民经济生活基本状况

（一）拉萨市经济总体情况

2017 年，拉萨市生产总值为 479.26 亿元，其中第一产业产值为 17.54 亿元，同比增速为 4.5%；第二产业产值为 189.38 亿元，同比增速为 10.4%；第三产业产值为 272.33 亿元，同比增速为 10%。显然第一产业相较于第二、三产业发展空间更大，而在第一产业中，牧业产值最高，为 16.55 亿元，同比增速高达 58.30%，同年拉萨市牛、猪、羊的出栏数分别为 22.41 万头、2.83 万头、19.80 万头[①]，其中饲养牛主要为牦牛。可见，牦牛带来的经济收入在拉萨市农牧民收入中占有较大比重，牦牛饲养与农牧民民生状况具有较强关联性。

（二）农牧民收入总体情况

调查发现，第一，2011 年之前城镇居民的人均可支配收入是农牧民人均可支配收入的 3 倍以上，最高时达到 2007 年的 3.81 倍，而自 2013 年开始，一直保持在 2.49—2.59 倍之间；第二，近几年来城镇居民

---

① 相关数据来自《西藏统计年鉴（2018）》。

人均可支配收入与农牧民可支配收入的差距有缩小趋势，农牧民收入虽然在逐年上升，但是近几年增速却呈逐年递减趋势，因而需要优化农牧民收入渠道，提高其收入增速；第三，拉萨市农牧民人均可支配收入略低于全国平均水平，但是增长速度却高于全国的平均增速。详见表7-1所示。

表7-1　2007—2017年拉萨市农牧民与城镇居民、全国农村居民
可支配收入对比表

年份	拉萨市农牧民人均可支配收入（元）	增长率（%）	拉萨市城镇居民可支配收入（元）	增长率（%）	全国农村居民平均可支配收入（元）	增长率（%）
2007	3250	15.0	12376	19.6	4140	15.4
2008	3732	14.8	13941	12.7	4716	13.9
2009	4149	11.2	15114	8.4	5153	9.3
2010	5003	20.6	16567	9.6	5919	14.9
2011	6019	20.3	17654	6.6	6977	17.9
2012	7082	17.7	19545	10.7	7917	13.5
2013	8265	16.7	21427	9.6	8896	12.4
2014	9258	12.3	23057	7.6	10489	17.9
2015	10378	12.1	26908	16.7	11422	8.9
2016	11448	10.3	29383	9.2	12363	8.2
2017	12994	13.5	32408	10.3	13432	8.6

注：数据来源：《西藏统计年鉴（2018）》。

二、牦牛与居民生活

（一）牦牛饲养与收入满意度

调查发现，2017年拉萨市家庭经营性收入为5735元，其中农业收入为1060元，占比18.48%；林业收入为1407元，占比为24.53%；牧业收入为1744元，占比30.41%；其他各项收入为1524元，共占

26.58%①。可见，牧业是拉萨市农牧民家庭经营性收入的第一大来源，发展牧业对于农牧民增收具有重要作用。

调查发现，41.18%的受访家庭饲养了牦牛，饲养牦牛的农牧户家庭中82.81%目前饲养了产奶母牦牛，每户农牧民家庭中饲养母牦牛平均头数达到5.51头，饲养产奶母牦牛平均头数达到1.43头，饲养公牦牛平均头数达到4.12头，饲养牦牛的家庭平均人口数达到5.93人。详见表7-2所示。

表7-2　拉萨市农牧民牦牛饲养情况

指标	牦牛养殖	公牦牛	母牦牛	未成年母牦牛	成年母牦牛	产奶母牦牛	户籍人口数	养牦牛户籍人口数
样本量	285	273	264	239	261	236	692	285
均值	9.05	4.12	5.51	1.66	3.09	1.43	4.96	5.93
农牧户家庭占比	41.18%	95.79%	92.63%	83.86%	91.58%	82.81%	—	—
最小值	1	1	1	1	1	1	1	1
最大值	130	100	90	40	71	37	14	14

注：2018年调查N=692。

调查发现，一是在饲养牦牛的家庭中，58.95%对收入状况感到满意，34.74%对收入状况感到一般，6.31%对收入状况感到不满意。二在无饲养牦牛的家庭中，57.99%对收入状况感到满意，36.36%对收入状况感到一般，5.56%对收入状况感到不满意。具体见图7-1。三是饲养牦牛的家庭收入满意度略高于无饲养牦牛的家庭。我们认为饲养牦牛在一定程度上可改善收入，进而收入满意度也会随之提升。

① 相关数据来自《西藏统计年鉴（2018）》。

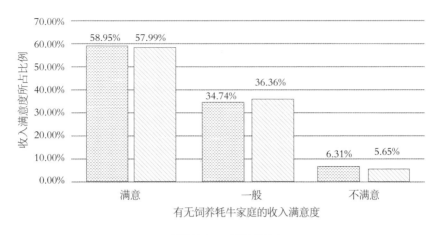

图 7–1　有无饲养牦牛家庭的收入满意度差异

（二）牦牛饲养与住房满意度

调查发现，一是在饲养牦牛的家庭中，自有住房拥有率为 96.49%，其中 76.14% 的农牧民认为家庭住房够住；二是在无饲养牦牛的家庭中，自有住房拥有率为 93.86%，其中 79.02% 认为自己家庭房屋够住。具体见表 7–3。三是无饲养牦牛的农牧民家庭自有住房拥有率低于饲养牦牛的家庭，但是房屋够住率要大于饲养牦牛家庭。

表 7–3　有无饲养牦牛家庭住房基本情况

指标	饲养牦牛家庭住房拥有情况	无饲养牦牛家庭住房拥有情况
样本量	285	407
住房拥有率	96.49%	93.86%
住房年限均值	8.08	9.99
住房年限最大值	58	68
住房年限最小值	1	1
房屋是否够住	76.14%	79.02%

注：2018 年调查 N=692。

调查发现，一是在饲养牦牛的家庭中，56.14% 对表示满意，

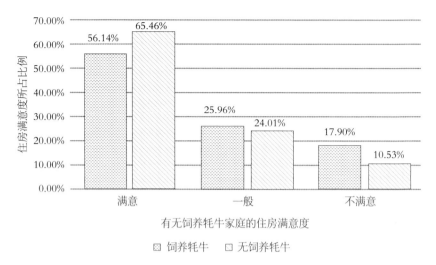

图 7-2　有无饲养牦牛家庭的住房满意度差异

25.96%对住房表示一般，17.90%对住房表示不满意；二是在无饲养牦牛的家庭中，65.46%对住房状况表示满意，24.01%对住房状况表示一般，10.53%对住房状况表示不满意。详见图 7-2。三是饲养牦牛的家庭住房满意程度相对低于无饲养牦牛的家庭，同时饲养牦牛的家庭对住房的不满意程度也明显高于无饲养牦牛的家庭。我们认为原因主要有两个方面：一是饲养牦牛的家庭住房一般建在距离乡镇中心比较偏远的地方，基础设施不完备，而且饲养牦牛的家庭本身需要圈地建牛舍，牛粪等排泄物较多，卫生条件较差，而无饲养牦牛的家庭住房一般临近乡镇中心地带或者临近公路，生活设施较为齐备、便利，卫生状况也要好很多；二是饲养牦牛的家庭一般都会选择帐篷居住，而无饲养牦牛的家庭不需要随放牧迁徙，居住状态比较稳定。

三、牦牛饲养与公共服务

（一）牦牛饲养与医疗满意度

调查发现，一是在饲养牦牛的家庭中，83.51%对乡镇医疗服务表示满意，9.82%对乡镇医疗服务表示一般，2.46%对乡镇医疗服务表示不满意，4.21%对乡镇医疗服务表示不清楚。78.95%对县医疗服务表示满意，6.67%对县医疗表示一般，1.75%对县医疗服务表示不满意，12.63%对县医疗服务表示不清楚；二是无饲养牦牛的家庭中，83.94%对所在乡镇医疗服务表示满意，10.82%对乡镇医疗服务表示一般，2.62%对乡镇医疗服务表示不满意，2.62%对乡镇医疗服务表示不清楚。

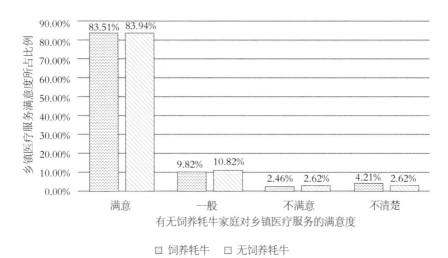

图7-3 有无饲养牦牛家庭对乡镇医疗服务的满意度差异

图7-4 有无饲养牦牛家庭对县医疗服务的满意度差异

79.36%对县医疗服务表示满意，6.63%对县医疗服务表示一般，0.74%对县医疗服务表示不满意，13.27%对县医疗服务表示不清楚。具体见图7-3、7-4。三是由于饲养牦牛家庭的居住地较无饲养牦牛家庭的居住地更为偏远，去县城看病方便程度相对较低，因此其对县医疗服务满意的比例略低于无饲养牦牛的家庭。

（二）牦牛饲养与义务教育满意度

教育是关系民生的基础性问题，当代社会的发展离不开教育事业的全面进步。近年来，拉萨市针对农牧民居住分散，农牧区学校布点多、规模小、办学效益差的现状，按照"统筹规划、因地制宜、适度集中、注重实效、分步实施、稳步推进"的原则，大力实施教育资源整合工程，合理调整学校布局结构，优化教育资源配置，改善教育质量，弥补教育短板。

调查发现，一是在饲养牦牛的家庭中，93.33%对政府提供的义务教育表示满意，1.76%对政府提供的义务教育表示一般，没有家庭对政府提供的义务教育表示不满意，4.91%对政府提供的义务教育表示不清楚。二是在无饲养牦牛的家庭中，89.93%对政府提供的义务教育表示

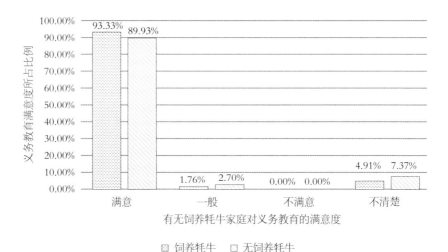

图7-5 有无饲养牦牛家庭对义务教育的满意度差异

满意，2.70%对政府提供的义务教育表示一般，没有家庭对政府提供的义务教育表示不满意，7.37%对政府提供的义务教育表示不清楚。具体见图7-5。三是由于政府近些年来加大对义务教育方面的民生性投入，所以无论是饲养牦牛的家庭还是无饲养牦牛的家庭对义务教育满意程度都不错。

（三）牦牛饲养与道路满意度

自拉萨市2002年实施农村公路交通基础设施建设项目以来，农村公路建设工作稳步推进。截至2017年年底，拉萨市五县三区农村公路通车总里程为4643.903公里，全市66个乡镇、街道办事处，267个行政村、居委会已全部通达、通畅，拉萨市农村公路通畅、通达率居全区第一[①]。

调查发现，一是在饲养牦牛的家庭中，61.75%对乡村道路状况表示满意，20.00%对乡村道路状况表示一般，18.25%对乡村道路状况表

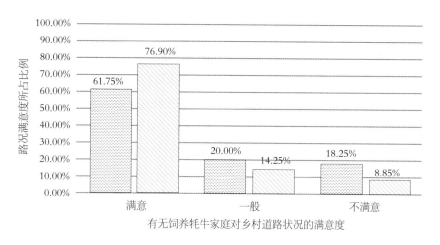

图7-6 有无饲养牦牛家庭对乡村道路状况的满意度差异

---

① 中国公路网：《拉萨农村公路通畅通达率全区第一》，2018年，http://c.chinahighway.com/news/2018/1155196.php.

示不满意；二是在无饲养牦牛的家庭中，76.90%对乡村道路状况表示满意，14.25%对乡村道路状况表示一般，8.85%对乡村道路状况表示不满意。具体见图7-6。三是饲养牦牛的家庭对农村道路的满意程度明显低于无饲养牦牛的家庭。这是由于饲养牦牛的家庭一般都会居住在距离村子中心较远的草场，这些场所的道路状况相对较差，因此对道路状况满意程度较低。

（四）牦牛饲养对政府补贴

2016年以来拉萨市积极完善社会保障体系，截至2017年底，拉萨市城镇职工养老保险参保3.7万人，城乡居民养老保险参保21.6万人，职工医疗保险参保5.4万人，城镇居民医疗保险参保7.3万人，职工生育保险参保5.4万人，工伤保险参保3.5万人，失业保险参保0.27万人[①]。

表7-4 西藏自治区对农牧民补助项目及政策

政府补贴项目	补贴政策
农牧民安居工程补助	农房改造给予补助1.5万元/户
	游牧民定居补助2万元/户
	贫困户安居工程补助1.7万元/户
农业补贴	青稞良种、油菜良种、马铃薯良种、玉米、小麦良种均为10元/亩，水稻良种15元/亩
	青稞、小麦、水稻、玉米实际播种面积补贴标准为15元/亩
	自治区以2005年核定的青稞、小麦、水稻、玉米播种的面积补贴，补贴标准为15元/亩
	农机产品、农畜产品加工机械等按照自治区招标价格补贴35%
畜牧业补贴	育龄母猪补贴100元/只，给予每头育龄母猪保险费金额60元
	牦牛犊良种补贴60元/头，改良黄牛（奶牛）良种补贴100元/头
	改良绵羊补贴30元/只
	对羊、牦牛、黄牛、猪、奶牛及耕牛的牲畜病防治进行补贴
	对因疫情捕杀的牲畜、家禽实行补贴，政府承担80%

注：数据来源：西藏自治区农牧民享受财政补助优惠政策明白卡（西藏自治区财政厅2010年8月版本）。

---

① 2017—2018年拉萨城乡居民医疗保险缴费标准，拉萨2018医保缴费基数，见 http://www.z8000w.com/guiyang/guiyang8390.html。

政府对全区免征农业税，实施一系列的退耕还林还草补助、饲料补助、饮水补助等政府补贴，从农牧民最关心的自身生产生活出发，对生活状况进行直接的补助，将农牧民的损失减至最低，多项举措并举，以保证民生持续改善。具体见表7–4。

表7–5　有无饲养牦牛家庭补贴领取与贫困状况

指标	饲养牦牛家庭	无饲养牦牛家庭
年份	2017	2017
样本量	285	407
农业补贴	90.18%	87.22%
贫困户	22.46%	22.36%
其他补贴	40.35%	44.72%

调查发现，2017年，一是在饲养牦牛的家庭中，90.18%领到了农业补贴（其中有40.35%还领取了其他补贴），9.82%未领取到农业补贴。其中，有22.46%为建档立卡贫困户；二是在无饲养牦牛的家庭中，87.22%领取到农业补贴（其中有44.72%还领取了其他补贴），12.78%未领取到农业补贴。其中，有22.36%为建档立卡贫困户。具体见表7–5。三是饲养牦牛的家庭领取农业补贴和其他补贴的比例略小于无饲养牦牛的家庭，而且饲养牦牛的家庭是贫困户的比例高于无饲养牦牛的家庭。原因可能有：一方面，饲养牦牛的家庭人口较多、经济来源比较单一；另一方面，无饲养牦牛的家庭居住地比较集中，信息比较畅通，获取收入的来源较多。

调查发现，一是在饲养牦牛的家庭中，87.72%对政府补贴表示满意，8.42%对政府补贴表示一般，1.05%对政府补贴表示不满意，2.81%对政府补贴表示不清楚；二是在无饲养牦牛的家庭中，81.82%对政府补贴表示满意，7.62%对政府补贴表示一般，0.49%对政府补贴表示不满意，10.07%对政府补贴表示不清楚。具体见图7–7。三是饲养牦牛的家庭对政府补贴满意的比例高于无饲养牦牛的家庭。主要原因是饲养牦牛的家

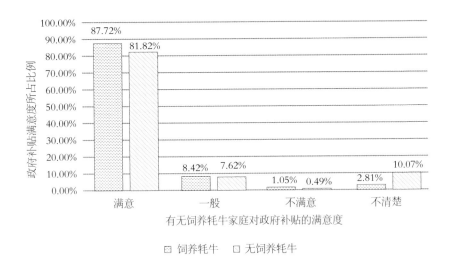

图 7-7　有无饲养牦牛家庭对政府补贴的满意度差异

庭能享受农业补贴和畜牧业补贴，无饲养牦牛的家庭享受的补贴低于饲养牦牛家庭。而且随着饲养的牦牛数的增加，农牧民享受的政府牲畜补贴力度越大。

四、牦牛饲养与公共安全

（一）牦牛饲养与政府应对安全事故措施满意度

生产安全事故在给国家和集体带来重大财产损失、给人民生命安全和健康带来严重损害的同时，还会在一定程度上引发社会恐慌，导致政府的公信力受到社会舆论的强烈质疑。一方面，拉萨市农牧区地处高原，海拔相对较高，环境较为恶劣，发生生产安全事故的几率高于其他地区；另一方面，西藏自治区地处我国的边疆地区，生产安全事故的发生极易引发当地动荡，更需要政府重视生产安全事故的应对工作，以达到维护国家稳定和民族团结的作用。因此，研究政府应对生产安全事故措施的满意度可以较好地测量出农牧民对于政府在应对这种危机时表现的评价，进而了解民众对于政府处理危机能力的需求与期待水平，为政府提高在公共安全类问题的处理水平和能力提供参考。

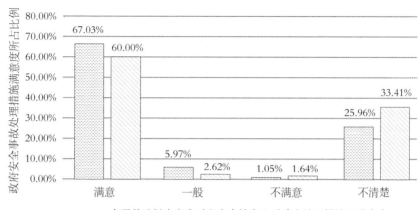

图 7–8　有无饲养牦牛家庭对安全事故发生后政府处理措施的满意度差异

调查发现，一是在饲养牦牛的家庭中，67.03%对安全事故发生后政府处理措施表示满意，5.97%对安全事故发生后政府处理措施表示一般，1.05%对安全事故发生后政府处理措施表示不满意，25.96%对安全事故发生后政府处理措施表示不清楚；二是在无饲养牦牛的家庭中，60.00%对安全事故发生后政府处理措施表示满意，2.62%对安全事故发生后政府处理措施表示一般，1.64%对安全事故发生后政府处理措施表示不满意，33.41%对安全事故发生后政府处理措施表示不清楚。具体见图 7–8。三是饲养牦牛的家庭相对于无饲养牦牛的家庭来说发生生产事故的概率要高，政府对于处理此类事件的经验较为丰富，能够更好地满足农牧民的需求。

（二）牦牛饲养与自然灾害发生后政府措施满意度

西藏自治区是我国自然灾害频发的高风险区，不可抗的自然灾害发生后政府所采取的一系列营救措施是当地及中央政府不可回避的问题。牦牛是农牧民家庭重要的资产与收入来源，如果发生自然灾害会导致农牧民家庭饲养的牦牛受到影响，甚至发生折损，给农牧民带来非常大的损失。因此通过分析农牧民家庭牦牛饲养情况与农牧民对自然灾害发生后政府处理措施的满意度，能更好地反映政府目前工作中的问题。如果政府能及时处理自然灾害，并且在发生自然灾害这种不可抗力的事件时及时予以农牧民家庭安抚与补偿，可以极大地降低农牧民家庭生活受到自然灾害的影响程度。

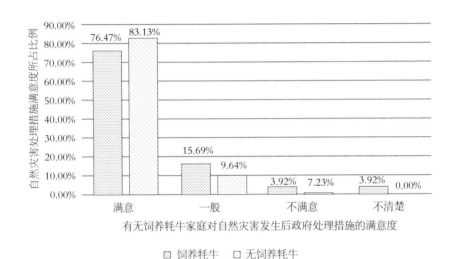

图 7–9　有无饲养牦牛家庭对自然灾害发生后政府处理措施的满意度差异

调查发现，一是在饲养牦牛的家庭中，76.47%对自然灾害发生后政府处理措施表示满意，15.69%对自然灾害发生后政府处理措施表示一般，3.92%对自然灾害发生后政府处理措施表示不满意，3.92%对自然灾害发生后政府处理措施表示不清楚；二是在无饲养牦牛的家庭中，83.13%对自然灾害发生后政府处理措施表示满意，9.64%对自然灾害发生后政府处理措施表示一般，7.23%对自然灾害发生后政府处理措施表示不满意，没有家庭对自然灾害发生后政府处理措施表示不清楚；具体见图 7–9。三是饲养牦牛的家庭对自然灾害发生后政府处理措施表示满意的比例低于无饲养牦牛的家庭。因为发生自然灾害对饲养牦牛的家庭来说，如果牦牛因自然灾害受到折损，即使政府妥善地安抚农牧民家庭，也只能给予部分赔偿，不可能百分之百的原价赔偿。

（三）牦牛饲养与牲畜传染病例发生后政府措施满意度

在养殖产业中，牲畜传染疾病是不容忽视的问题。一旦发生牲畜传染，将会对农牧民的生活带来重创，因此通过分析农牧民家庭牦牛饲养情况与发生牲畜传染病后政府处理措施的满意度分析，能帮助政府改善处理措施。

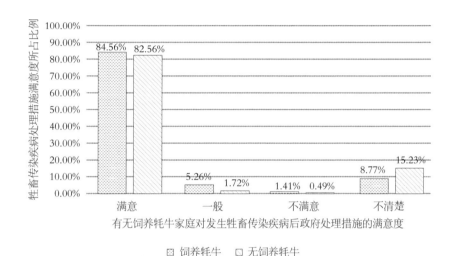

图 7-10 有无饲养牦牛家庭对发生牲畜传染病后政府处理措施的满意度差异

调查发现，一是在饲养牦牛的家庭中，84.56%对发生牲畜传染病后政府处理措施表示满意，5.26%对发生牲畜传染病后政府处理措施表示一般，1.41%对发生牲畜传染病后政府处理措施表示不满意，8.77%对发生牲畜传染病后政府处理措施表示不清楚；二是在无饲养牦牛的家庭中，82.56%对发生牲畜传染病后政府处理措施表示满意，1.72%对发生牲畜传染病后政府处理措施表示一般，0.49%对发生牲畜传染病后政府处理措施表示不满意，15.23%对发生牲畜传染病后政府处理措施表示不清楚。具体见图 7-10。三是饲养牦牛家庭的牲畜传染病例发生比例高于无饲养牦牛的家庭。如果饲养牦牛，发生牲畜传染病例的概率高很多政府对于处理此类事件的经验较为丰富，能够更好的满足农牧民的需求。

五、牦牛饲养与生态文明

（一）牦牛饲养与使用能源满意度

能源关系民生冷暖。做好能源供给保障是保证农牧民生活质量的重要途径，而牧民家庭多以游牧为主可能极少使用电力，但是由于农牧区特殊的地理位置，气候较为寒冷，做好能源供给保障，才能更好地确保农牧民生活质量。

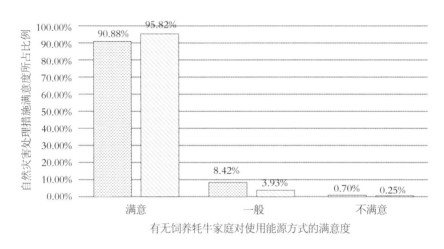

图 7-11 有无饲养牦牛家庭对使用能源方式的满意度差异

调查发现，一是在饲养牦牛的家庭中，90.88%对使用的能源方式表示满意，8.42%对使用的能源方式表示一般，0.70%对使用的能源方式表示不满意；二是在无饲养牦牛的家庭中，95.82%对使用的能源方式表示满意，3.93%对使用的能源方式表示一般，0.25%对使用的能源方式表示不满意。具体见图 7-11。三是饲养牦牛的农牧民对能源使用情况的满意度低于无饲养牦牛的农牧民，主要因为少数饲养牦牛的农牧民居住地比较偏远，没有被电网覆盖，依然采用比较原始的能源使用方式。

调查发现，一是在饲养牦牛的家庭中，98.95%使用的是国家电网

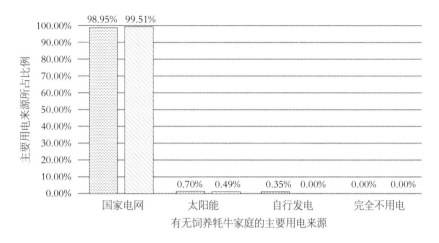

图 7-12　有无饲养牦牛家庭的主要用电来源

供电，0.70%使用的是自家太阳能电池供电，0.35%自行发电，没有家庭完全不用电；二是在无饲养牦牛的家庭中，99.51%使用的是国家电网供电，0.49%使用的是自家太阳能电池供电，没有家庭自行发电，也没有家庭完全不用电。具体见图 7-12。三是国家电网在拉萨市基本实现了全覆盖，供电水平实现质的飞跃。

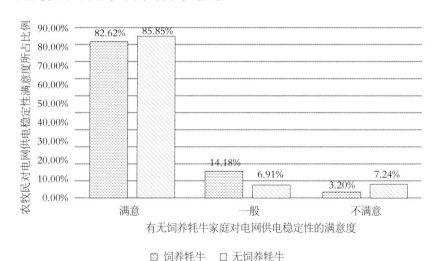

图 7-13　有无饲养牦牛家庭对电网供电稳定性的满意度差异

调查发现，一是在使用国家电网供电且饲养牦牛的家庭当中，82.62%对电网供电的稳定性表示满意，14.18%对电网供电的稳定性表示一般，3.20%对电网供电的稳定性表示不满意；二是在使用国家电网供电且无饲养牦牛的家庭当中，85.85%对电网供电的稳定性表示满意，6.91%对电网供电的稳定性表示一般，7.24%对电网供电的稳定性表示不满意。具体见图7–13。三是饲养牦牛的家庭对电网供电稳定性的满意度略低于无饲养牦牛的家庭，估计是由于饲养牦牛的农牧民居住地相对较偏远、变电站的数量较少、停电现象较为普遍。

（二）牦牛饲养与饮水状况满意度

近年来，拉萨市大力开展政府居民饮水工程，拉萨市乡村居民饮水条件得到广泛改善，而且绝大多数农牧民的饮水供给都能满足需要，但仍有少数地区的农牧民存在饮水困难，特别是季节性缺水较为典型，而且部分乡村饮水处理措施仍不够完善，大多数居民直接饮用未经任何杀菌处理的地表水，饮用水安全意识也较为淡薄，由于拉萨市农牧民的游牧习惯，仍有少数牧区没有实现自来水工程。本节主要从两个方面解析饮水问题：一是饮水的便捷程度；二是饮水的安全保障。

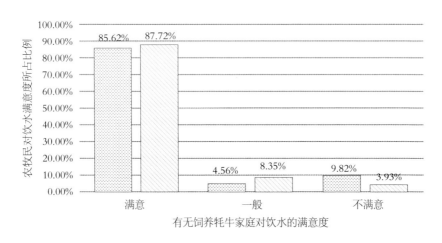

图 7–14　有无饲养牦牛家庭对饮水的满意度差异

调查发现，一是在饲养牦牛的家庭中，85.62%对饮水表示满意，4.56%对饮水表示一般，9.82%对饮水表示不满意；二在无饲养牦牛的家庭中，87.72%对饮水表示满意，8.35%对饮水表示一般，3.93%对饮水表示不满意。具体见图7–14。三是饲养牦牛的家庭对饮水的满意程度略低于无饲养牦牛的家庭。从客观上来讲，饲养牦牛的家庭居住地较无饲养牦牛家庭的居住地远，其日常饮水来源多是来自地表水，农牧民家庭净化地表水的能力较差，因此水质质量较低。从实证结果来看，随着家庭饲养牦牛头数的增加，对饮水越不满意。原因首先主要是随着家庭饲养牦牛头数的增加，牲畜饮水量也随着增多，为了降低饮水的成本，农牧民通常会选择成本较低的河流、地表水，但是类似于这种水源的水质比较差，水中沙石等杂质没法得到妥善的处理。其次是饲养牦牛的家庭通常会选择接近水源的地方，虽然这极大地方便了牦牛饲养，但是很容易出现人畜共饮的情况，随着牦牛饲养数量的增加，水源遭到污染的可能性越大，水质也会越差，从而导致农牧民对饮水水源的评价降低。

（三）牦牛饲养与周边环境满意度

周边环境满意度的评价既可以反映一个家庭对于环境保护的意识，又可以反映一个家庭对政府在环境保护措施上的认可度。

表 7–6　有无饲养牦牛家庭污水排放与厕所类型

指标		饲养牦牛家庭		无饲养牦牛家庭	
年份		2016	2017	2016	2017
污水排放方式（%）	村镇排放管道	3.27	9.12	12.55	27.27
	自行排放	96.19	85.26	85.55	69.53
	随地泼洒	0.54	5.62	1.90	3.19
厕所类型（%）	旱厕	46.05	47.37	84.03	83.29
	冲水厕所	1.63	2.11	3.04	8.35
	村镇公共旱厕	0.27	0.35	0.76	0.49
	无厕所	52.04	47.37	12.17	6.88
	其他		2.80		

注：2017 年调查 N=742；2018 年调查 N=692。

调查发现，一是在饲养牦牛的家庭中，针对污水排放方式，9.12%是有村或镇排放管道系统接入家庭，85.26%是通过自家自行排放污水，5.62%是其他（例如随地泼洒）。对于厕所类型，47.37%是自家修建的旱厕，2.11%是自家修建的冲水厕所，0.35%是村或镇修建的公共旱厕，47.37%没有修建厕所；二在无饲养牦牛的家庭中，针对污水排放方式，27.27%是有村或镇排放管道系统接入家庭，69.53%是通过自家自行排放污水，3.19%是其他（例如随地泼洒）。对于厕所类型，83.29%是自家修建的旱厕，8.35%是自家修建的冲水厕所，0.49%是村或镇修建的公共旱厕，6.88%没有修建厕所。具体见表7-6。三是饲养牦牛的家庭选取自行排放污水方式的比例大于无饲养牦牛的家庭，而且饲养牦牛的家庭拥有厕所的比例小于无饲养牦牛的家庭，可能的原因是，饲养牦牛的家庭要经常外出转场放牧。

此外，通过与2016年的数据对比我们发现，不管是饲养牦牛还是无饲养牦牛的农牧民家庭，无厕所的比例均有所下降，尤其是无饲养牦牛家庭的无厕所比例下降更为明显，政府实施的游牧民定居工程、农牧民定居工程显著改善了厕所条件。

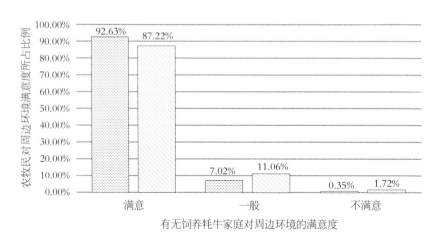

图 7-15 有无饲养牦牛家庭对周边环境的满意度差异

调查发现，一是在饲养牦牛的家庭中，92.63%对家庭周边环境表示满意，7.02%对家庭周边环境表示一般，0.35%对家庭周边环境表示不满意；二是在无饲养牦牛的家庭中，87.22%对家庭周边环境表示满意，11.06%对家庭周边环境表示一般，1.72%对家庭周边环境表示不满意。具体见图7-15。三是饲养牦牛的农牧民家庭对周边环境满意的比例要高于无饲养牦牛家庭，出现这一结果的原因可能是，随着农牧民生态意识和环保意识的提高，自觉保护环境的力度加大，对周边生活环境进行了不断的改善，加之基础设施建设向偏远地区普及，使居住地比较偏远的饲养牦牛的农牧民家庭生活变得便利。而无饲养牦牛的农牧民家庭居住地相对比较集中，对于家庭人口众多的农牧民家庭来说显得狭小而拥挤，因此相对于无饲养牦牛的家庭，饲养牦牛的家庭对周边环境满意度更高。

六、小结

通过以上分析发现：

第一，牧业是拉萨市农牧民家庭经营性收入的第一大来源，而且牦牛带来的经济收入在拉萨市农牧民收入中占有较大比重。饲养牦牛的家庭收入满意度相对高于无饲养牦牛的家庭，但是家庭住房满意程度相对低于无饲养牦牛的家庭。

第二，饲养牦牛的家庭居住地较无饲养牦的牛家庭其对医疗服务水平满意的比例略低于无饲养牦牛的家庭；饲养牦牛的家庭和无饲养牦牛家庭对义务教育满意程度较高且满意度比例相差很小；饲养牦牛的家庭对农村道路的满意程度明显低于无饲养牦牛的家庭；饲养牦牛的家庭领取农业补贴和其他补贴的比例略小于无饲养牦牛的家庭，但是对政府补贴满意的比例要高于无饲养牦牛的家庭。

第三，饲养牦牛的家庭相对于无饲养牦牛的家庭来说发生生产事故的概率要高，对自然灾害发生后政府处理措施表示满意的比例略低于无饲养牦牛的家庭；饲养牦牛家庭的牲畜传染病例发生比例高于无饲养牦牛的家庭，但是饲养牦牛的家庭与无饲养牦牛的家庭对发生牲畜传染病后政府处理措施表示满意的比例相差很小；饲养牦牛的农牧民对能源使用情况和对电网供电稳定性的满意度略低于无饲养牦牛的农牧民；受访地区农牧民饮水供给都能满足需要，基本不存在缺水的状况，但是饲养牦牛的农牧民家庭对饮水的满意程度略低于无饲养牦牛的农牧民家庭；饲养牦牛的家庭选取自行排放污水方式的比例大于无饲养牦牛的家庭，对周边环境满意的比例要高于无饲养牦牛家庭。

第二节　拉萨市牦牛产业的扶贫效应研究——基于三次产业关联的视角

本研究利用当地生态优势和资源禀赋，意图发展合适的产业将资源充分利用起来，从而实现"资源变现"，推动产业融合发展并实现新的经济增长点，降低贫困发生率。从上一节分析可知，牦牛产业的发展能提升农牧民的收入水平，从而改善农牧民的生活质量。具体而言，首先，拉萨市牦牛产业具有直接减贫效应，在当地牧业产值中占有很大比重，对农牧民减贫具有不可替代的作用；其次，牦牛产业还具有与第一、二、三产业关联的间接减贫效应，即通过延伸牦牛产业链，推动旅游、餐饮、交通等服务业发展，进而促进当地农牧民就业，提高收入。本节通过对拉萨市牦牛产业直接与间接扶贫效应分析，重点考察牦牛产业与三次产业的综合扶贫力度，探讨拉萨市牦牛产业发展对民生发展的扶贫效果。

牦牛产业从属于牧业，因而是第一产业，作为基础性产业具有较强的渗透性。其产品和产业特性能够推动各种资源(诸如牦牛肉、牦牛奶、养殖技术等商业资源)的流动重组，拓宽产业链并产生巨大的价值增值效应。牦牛产业的产业关联内容和方式，与三次产业产生不同的关联关系，从而带动其他产业的发展，创造就业机会，增加收入，从而提升扶贫效应。

第一，产品和要素的双重身份。牦牛产业的核心产品就是提升牦牛的各种绿色产品。如围绕牦牛生产的各种肉制品、牦牛绒、牦牛骨、牦牛奶、旅游纪念品等，或直接作为消费产品进入千家万户，或输送到下游产业作为生产活动的投入品，进入生产过程形成下游产业的投入资源。第二，服务关联。当牦牛产业的服务对象发生改变时，其下游产业的服务内容也会随之发生改变，进而影响下游产业的关联产业发生相应改变。以观光牦牛为例，牦牛作为高原上特有的畜牧物种，其形象也极具特色。在西藏自治区一些旅游景点，农牧民牵着样貌雄壮的牦牛与游客合影留念，既满足了游客的需求，又给当地的牧民带来新的增收途径，带动了当地旅游业的发展。观光牦牛改造了传统牧业和旅游业，使得牦牛及相关产品的附加值越来越高，观赏性越来越强。第三，劳动就业联系。产业要实现扩大市场、提高产业竞争力，就需要提高就业人员的素质，实现前后关联产业的匹配和均衡。拉萨市牦牛产业属于劳动密集型产业，随着牦牛产品的开发率越来越高，围绕牦牛构建的肉制品、牦牛绒、牦牛骨、牦牛奶等产业体系也将不断建立，这会促进产业内部就业机会以及人员素质的提高，同样也增加了农牧业、加工业以及旅游业等关联产业的就业机会和人员素质。

一、拉萨市牦牛产业发展与贫困变化趋势

为分析拉萨市牦牛产业发展与农牧民贫困变化的趋势，本文利用西藏大学珠峰研究院西藏民生中心调研数据，研究在不同的家庭饲养牦牛数量组下，看每个家庭组的收入以及消费的变化情况和满意度情况，从而试探究牦牛饲养对农牧民家庭的扶贫效应。

本文关注的变量有"家养公牦牛数"、"家养母牦牛数"，将两者加总得出的"家养牦牛总数"，以及"去年家庭货币收入较前年变化情况"、

"去年家庭全年总消费较前年变化情况"、"去年家庭全年货币总支出较前年变化情况"与"对去年家庭收入状况满意度"。为分析方便，我们对所有变量进行分组，首先，按照农牧民家庭所养牦牛数量的多少（yak number）将拉萨农村居民分为五个等级水平，其变量 yak number 取值为 1、2、3、4、5 分别表示家庭所养牦牛数量在 0 ~ 10 头组（第 1 组）、11 ~ 25 头组（第 2 组）、26 ~ 50 头组（第 3 组）、51 ~ 100 头组（第 4 组）以及 100 头以上组（第 5 组）。同时，我们也对"去年家庭货币收入较前年变化情况"、"去年家庭全年总消费较前年变化情况"、"去年家庭全年货币总支出较前年变化情况"作相同处理：分别取变量 income changes、consumption changes 以及 expand changes，其取值 1、2、3、4分别表示增加、不变、减少以及不清楚；"对去年家庭收入状况满意度"取变量 income satisfaction 并取值 1、2、3、4 分别表示满意、一般、不满意以及不清楚。描述统计特征如表 7-7 所示：

表 7-7　变量描述统计

变量名	变量描述	样本量	均值	标准差
yak number	家养牦牛总数	804	1.599	1.081
Income changes	去年家庭货币收入较前年变化情况	804	1.669	0.849
consumption changes	去年家庭全年总消费较前年变化情况	804	1.429	0.764
expand changes	去年家庭全年货币总支出较前年变化	804	1.350	0.736
income satisfaction	对去年家庭收入状况满意度	804	1.419	0.682

通过 stata14 的分析结果可看出，不同牦牛饲养数量下的家庭收入和消费变化趋势如图 7-16 至图 7-19 所示，横轴表示牦牛数量分组。每幅图中对牦牛饲养数量分组后，每个组画出家庭收入及消费变化的各个直方图，最后画出样本整体的总直方图，家庭收入及消费变化以百分比表示，见纵轴。从四个图可看出，不同养殖组下的农牧民家庭收入及消费变化基本呈正态分布。

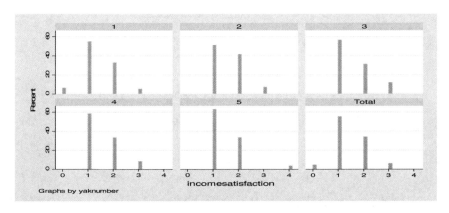

图 7-16　不同养殖组下家庭收入变化情况

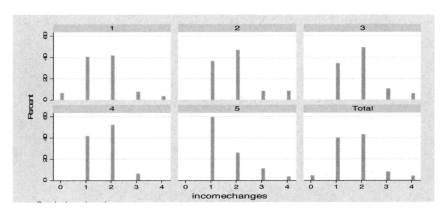

图 7-17　不同养殖组下家庭收入满意度情况

由图 7-16 可见，在不同牦牛数组下拉萨市农牧民家庭收入较前年变化水平，在"增加"或"保持不变"一栏上都普遍反应敏感。其中，当饲养牦牛数量在 50 头以下组（包括第 1、2、3 组）时，农牧民收入以"增加"变化为主的家庭数在 40% 以下，主要以"保持不变"的家庭数为主。而当饲养牦牛数组（为 4、5 时）即数量达到 50 头以上时，农牧民家庭收入增加的家庭数显著增加，达到 40% 以上。特别显著的是养殖数量达到 100 头以上，感到家庭收入增加的家庭数最多。在图 7-17 中也同样印证了以上观点。从农牧民对收入满意度的反应来看，农牧民对目前收入普遍感到满意，随着饲养牦牛数量的增加，满意家庭数量也在随之增加，特别是养殖规模达到 100 头以上时，满意家庭数量最多，达到 60% 以上。

这说明，拉萨市农牧民饲养牦牛多以散养为主，还没有达到规模化养殖水平。产业扶贫是确保农牧民家庭长效脱贫不返贫的根本之策。如何实现牦牛产业化发展，最直接的方式就是实现规模化养殖。需要说明的是，本质上得出这样的结论还需要进一步的模型分析来验证，但碍于目前数据的有限性，我们仅能从以上简单的统计中得出该结论，但我们得出的结论与现实情况是相符的，因此我们接受以上统计结论。

在不同牦牛数组下拉萨市农牧民家庭支出较 2017 年变化水平，以"增加"反应最为敏感，两图的变化趋势相似，见图 7–18。其中，当饲养牦牛数量在 25 头以下组（包括 1、2 组）时，支出以"增加"变化为主的家庭数在 60% 以下，但随着养殖数量的增加，感到去年货币支出增加的家庭数达到 60% 及以上。当养殖数量达到 100 头以上，感到家庭支出增加的家庭数又减少到 60% 以下。不论哪个群组的农牧民家庭都普遍对消费感到满意，见图 7–19。那么，我们有理由认为这与家庭在不同收入水平下不同的消费模式相关。收入较低的家庭主要以吃穿住

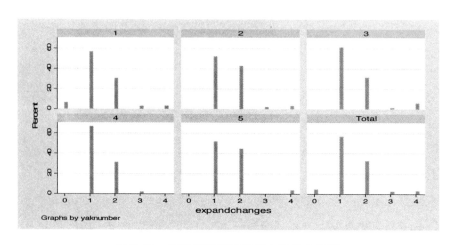

图 7–18　不同养殖组下家庭支出变化情况

行为主，而随着养殖规模的扩大，家庭的收入较高，消费等支出也会逐渐扩展到吃穿住行以外的诸如教育、医疗、娱乐等支出上，所以当牦牛饲养数量达到 25 头以上时，农牧民家庭显著感到消费增加。当养殖规模达到 100 头以上时，由于家庭消费数量是一定的，因此感到家庭支出增加的家庭数又减少到 60% 以下。由于农牧民普遍对消费水平感到满意，因此拉萨市牦牛产业对农牧民的减贫效应已逐渐见成效。

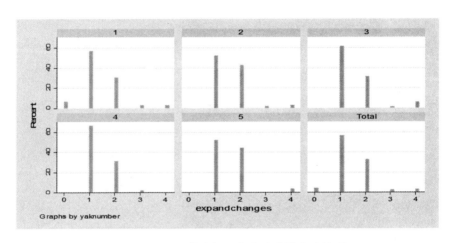

图 7-19　不同养殖组下家庭消费满意度情况

综上所述，养殖业是拉萨市农牧区扶贫的主要方式，牦牛饲养对于农牧民家庭实现脱贫有着重要意义。未来发展需要注重标准化养殖模式并实现规模化养殖。那么，发展牦牛产业要实现农牧民长期长效的脱贫，光靠养殖还不够，还需要在牦牛的深加工上着重下功夫，增加牦牛产品的附加值，带动关联产业的发展，才能实现农牧地区的长效脱贫。但扶贫不可能是牦牛产业单独发展作用的结果，而是各个产业相互影响共同作用的结果。那么，我们就需要基于三次产业关联的角度，进一步分析牦牛产业如何实现带动产业化发展的扶贫之路。

二、拉萨市牦牛产业与第一产业的关联性分析

牦牛产业属于第一产业中的牧业，与农业的发展联系紧密。牦牛产业通过牦牛饲养以及与第二、第三产业的关联，通过多种方式促进农业的发展，充分发挥了农业的长期减贫作用。通过促进牦牛饲养的现代化发展，用现代技术改造传统饲养方法，提高牦牛产业的生产效率；通过和相关研究单位合作，引进新品种、新种植模式、新喂养营养理念产出高质量的牧草以助推产业发展，加速牦牛产业的规模化与产业化。

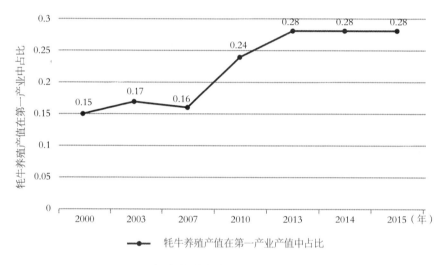

图 7-20 牦牛养殖产值在第一产业产值中占比

数据来源：根据《西藏统计年鉴》（2014、2015、2016）计算整理。

三、拉萨市牦牛产业与第二产业的关联性分析

从表 7-8 和图 7-21 可以看出，西藏农村社会总产值中仍以第一产业为主，但产值比重不断下降，而农村第二、三产业总产值不断上升，尤以第二产业中的建筑业和第三产业中的运输业和商业总产值比重不断上升。在农林牧渔业中又以牧业为主，牧业中又以大牲畜—牦牛饲养为主。因此，大力发展牦牛产业对拉动第二、三产业的发展具有重要意义。

表 7-8　2007—2015 年西藏农村社会总产值及构成

年份	农村社会总产值	农林牧渔业总产值	农村工业总产值	农村建筑业总产值	农村运输业总产值	农村商业总产值
2007	100.00	78.20	2.90	10.10	5.20	3.60
2008	100.00	76.90	2.60	11.00	5.20	4.30
2009	100.00	75.54	2.31	12.17	5.44	4.59
2010	100.00	74.54	2.60	11.42	6.07	5.36
2011	100.00	74.42	2.76	10.31	6.50	6.00
2012	100.00	71.69	3.54	11.23	6.87	6.67
2013	100.00	71.50	3.40	11.70	7.30	6.10
2014	100.00	71.00	3.30	12.90	7.10	5.70
2015	100.00	68.75	3.37	13.77	8.23	5.88

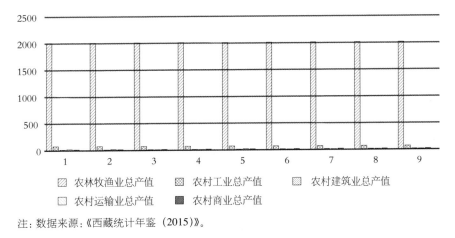

☑ 农林牧渔业总产值　　　⊠ 农村工业总产值　　　▨ 农村建筑业总产值
□ 农村运输业总产值　　　■ 农村商业总产值

注：数据来源：《西藏统计年鉴（2015）》。

图 7-21　2007—2015 年西藏农村社会总产值构成

　　近年来随着拉萨市牦牛产业的发展，西藏逐年加大对牦牛产品的开发率，围绕牦牛产品的制造业和深加工业逐步成为拉萨市重点打造的支柱产业。目前西藏生产牦牛产品的企业已有 20 多家、牦牛系列产品上百种。由此可见在第二产业中，牦牛产业与加工制造业、牦牛绒纺织业的关联性最强。具体来说：

　　在牦牛肉的深加工上，拉萨市重点打造绿色特色高原产品。比如当雄县牦牛饲养以"公司＋基地＋农牧民"为基础，通过普及良种以及科学化养殖，全程建立可追溯系统，推出有"身份证"的牦牛肉。在经过精细化加工后，当雄县已开发出牦牛菲力牛排、西冷牛排及黑椒牛肋条等高附加值产品；产业化经营使得牦牛产业已成为当地的扶贫惠农产业。未来，拉萨市可突出有机、绿色、纯天然无污染等高原特色优势，推进牦牛肉产业发展精深加工，将拉萨市打造成全国重点牦牛肉生产及精加工基地。

在牦牛奶的深加工上，重点发展牦牛原奶、牦牛奶粉、牦牛酸奶等牦牛奶饮品以及牦牛奶片、奶酪等乳制品，尤以西藏高原之宝牦牛乳业股份有限公司为代表，其在运用现代生物工程技术，开发、生产、加工有机生态的健康乳制品的同时，也在力图进行牦牛基因、品种改良、牦牛奶产业、产品资源的深度研发，建立牦牛乳制品的世界标准。

在牦牛绒制品开发方面，主要集中在牦牛绒针织制品、牦牛绒合织藏毯等纺织业的发展上。牦牛绒经过工厂处理制成各色纱线，经设计后编织出成品。更重要的是，涉及牦牛绒的纺织制造业还有重要的一面就在于"创意"，蕴含藏文化的创意将各种服装、配饰、家居装饰、藏毯等手工制作牦牛绒制品提升为具有更高附加值的织品推向全世界，提升市场认可度。

综上所述，由牦牛相关产品诸如牦牛肉制品、牛绒产品、牦牛奶制品、旅游纪念品等产业体系初步建立起来，牦牛产业链的建立和完善已成为拉萨市产业发展的重点方向。

四、拉萨市牦牛产业与第三产业的关联性分析

从实践发展来看，一方面，在第三产业中，首先是拉萨市牦牛产业与批发和零售业的前向关联性最强，这大力推动着与牦牛产品相关的消费服务业的发展；其次是旅游业、交通运输、仓储和邮政、租赁和商务服务业；最后是金融、住宿和餐饮、房地产等产业。这些产业的发展对于拉萨市牦牛产业的产品和服务有较大的需求，进而拉动拉萨市牦牛产

业的发展。另一方面，第三产业中的公共管理、社会保障和社会组织、居民服务、金融等作为中间投入品直接或间接对牦牛产业的应用投入比例相对较大，其他产业则相对较少。具体来说：

在与牦牛产品相关的消费服务业方面，首先牦牛肉、奶制品等批发销售的发展较为全面。其次是牛绒、牛骨以及牛皮方面的批发与零售。牦牛相关产品经交通运输通向全国各地，销售额不断增加，市场发展潜力巨大。

在旅游业发展方面，牦牛肉制品、牦牛奶制品以及牛骨装饰品还成为深受游客喜爱的旅游特产之一，大力拉动拉萨市旅游业的发展。为了加强与本地旅游企业合作，并拓展与牦牛产品销售渠道，通过牦牛协会、公司、合作社与牦牛饲养的农牧民合作，推广牦牛产品销售的洽谈会、旅游文化节、互联网销售平台，计划下一步利用"全域旅游""互联网+"努力拓展国内外市场，让产品长期入住各类电商、供应链、连锁销售平台，让市场认可牦牛产品，让牦牛产品真正"走出去"。

在餐饮服务业发展当面，通过"西藏好食材"烹饪大赛，打造牦牛相关产品的餐饮供应链，在带动餐饮服务业发展的同时，也大大推动销售和旅游业的发展。

综上所述，加大拉萨市牦牛产业与第三产业的联动发展效应，推广牦牛产业的深加工，使牦牛产业的剩余劳动力向第三产业转移，依靠拉萨市其他产业发展的优势，带动牦牛产业向纵深方向发展以及农牧民致富。

五、小结

根据前面的分析，对于拉萨市牦牛产业的扶贫效应研究情况，我们得到以下结论：

第一，不同养殖组下的农牧民家庭收入及消费变化基本呈正态分布。在不同牦牛数组下拉萨市农牧民家庭收入较 2017 年变化水平，"增加"或"保持不变"的情况都普遍反应敏感，随着饲养牦牛数量的增加，农牧民家庭对收入感到满意的数量也在随之增加；在不同牦牛数组下拉萨市农牧民家庭支出较2017年变化水平，以"增加"反应最为敏感；从农牧民消费满意度来看，不论哪个群组的农牧民家庭都普遍对消费感到满意。

第二，牦牛是藏族人民赖以生存的重要物质基础，牦牛饲养产值在整个西藏的第一产业发展中占有相当比重，与农业发展联系紧密。牦牛产业通过用现代技术改造传统饲养方法，提高牦牛产业的生产效率，和相关研究单位合作，引进新品种、新种植模式等以及与第二、第三产业的关联，通过多种方式促进农业的发展，发挥第一产业的减贫作用。

第三，在第二产业中，牦牛产业与加工制造业、牦牛绒纺织业的关联性最强。在充分利用牦牛资源的情况下，通过牦牛肉和牦牛奶的深加工、牦牛绒制品开发等发展方式使牦牛产业逐步成为拉萨市重点打造的支柱产业。

第四，发展牦牛产业可以加大拉萨市牦牛产业与第三产业的联动发展效应，推动与牦牛产品相关的消费服务业、旅游业、餐饮服务业等行业发展，从而增加非牧收入。

第八章

旅游专题：拉萨市农牧民
旅游影响感知及意愿分析

　　旅游业的发展与当地居民的生活紧密相关，大量外来游客的涌入，势必会对当地的环境、社会、文化等产生极大的冲击和影响。政府、企业在旅游开发过程中，更多关注资源、渠道、资金等外在因素，对旅游目的地社区居民的态度观念鲜有重视。党的十九大提出，中国特色社会主义进入新时代，我国社会主要矛盾已经转化为人民日益增长的美好生活需要和不平衡不充分的发展之间的矛盾，并将以经济建设为中心进一步转变为以人民为中心，不忘初心，牢记使命，践行中国共产党全心全意为人民服务的根本宗旨。因此，在旅游精准脱贫工作中，需要了解目的地社区居民对旅游发展的认知态度和行为意愿，作为制定产业发展规划、设计旅游开发路径的有效参考。鉴于此，本章拉萨市农牧民对旅游影响的感知及参与旅游的意愿进行了实证分析，为拉萨市农牧区旅游可持续发展提供借鉴。

第一节　居民旅游影响感知的研究背景及假设

　　拉萨市是西藏旅游发展的核心区域，以其丰富的旅游资源吸引了国内外的大量游客，同时，拉萨市的旅游基础设施也相对完备。本节简要介绍了拉萨市旅游业的发展情况，并从拉萨市农牧民的视角，从居民认同、社会依恋、社区参与等方面，提出并推导了居民旅游影响感知的相关假设。

一、拉萨市旅游业发展简况

地处西南边陲的西藏是我国最大的藏族聚居区，地域广阔，自然资源丰富，具有独特的民族文化和风俗习惯。在决胜全面建成小康社会的攻坚期，旅游业精准脱贫成为地方政府的有效手段。西藏作为国家重点连片扶贫地区，受到高海拔、恶劣的气候、缺氧等自然条件的限制，农牧民的生产条件相对较差。但这里自然旅游资源丰富、独特性强，旅游扶贫具有巨大潜力。因此，西藏自治区政府将旅游业定位为全区的战略性主导产业，强调以全域旅游为发展理念，以畅游西藏为目标导向，着力打造"重要的世界旅游目的地"和"地球第三极"。近年来，西藏自治区不断创新旅游体制机制，加快旅游基础设施和配套设施建设，提升旅游开放水平与服务质量。与此同时，加强旅游产品宣传推广，推动国内大型旅游企业扩大在藏分支机构的覆盖范围，加快推进旅游文化产业发展，推进旅游与特色文化深度融合。尤其是党的十八大以来，西藏自治区大规模实施旅游开发，将旅游业发展与美丽乡村建设、民族传统社区精准脱贫紧密联系，取得了良好效果。2013—2018 年，全区累计接待国内外游客 1.308 亿人次，实现旅游总收入 1819.12 亿元。2018 年全区接待国内外旅游者 3368 万人次，是 2013 年的 2.6 倍。西藏接待旅游人数与旅游收入呈现稳定增长的趋势，旅游业规模扩张速度快，产业体系和基础设施逐步改善，旅游文化日益深度融合发展，旅游国际化、开放化水平不断提高，旅游业在促进西藏经济社会发展，实现旅游惠民富民方面发挥了重要作用。

拉萨市是西藏自治区的首府，作为西藏的政治、经济与文化中心，拉萨市是西藏旅游的重要目的地和集散地，游客接待量和旅游收入分别占全区游客接待量和旅游收入的 60％ 和 56％。这里不仅有布达拉宫、大昭寺、小昭寺、清政府驻藏大臣衙门旧址等著名建筑旅游景点，还有藏戏、锅庄等特色鲜明的民族文化体验活动，吸引了国内外广大游客。2013—2017 年，拉萨市累计接待国内外游客 5857.71 万人次，实现旅游总收入 762.16 亿元。在自治区发展规划指导下，拉萨市政府以打造具有雪域高原和民族特色的国际旅游城市为目标，围绕建设雪山湖泊、田园风光、湿地温泉、民俗文化四大旅游片区，加大旅游资源开发力度，深度推进景区的保护开发工作。积极发展文化产业，加快推进文化旅游特色产业发展，启动文化旅游产业融合发展行动计划，加快思金拉措、琼穆岗嘎等景点建设，积极发展休闲农业和乡村旅游，打造"沟域经济""特色旅游""冬季旅游"等特色项目。为推进乡村旅游业发展，拉萨市还积极推动农牧区农家乐、藏家乐、休闲度假的休闲点和家访点为代表的乡村旅游产品和项目，促使农牧区旅游发展在增加农牧民就业、促进农牧民增收方面发挥重要作用，成为精准脱贫的重要方式。

除了旖旎的自然风光，少数民族传统社区居民及其所承载的生活方式、文化习俗等都是旅游吸引物的重要组成部分，而藏民族世代居住在青藏高原，形成了自身独特的文化理念和行为习惯，他们对本民族文化有着深厚的情感，对民族社区有着强烈的依恋，对生存环境有着天然的尊崇。因此，在拉萨市旅游业发展规划中，有必要调查了解农牧民对旅游的认识和态度，并加以引导、鼓励农牧民参与旅游发展，充分调动其脱贫致富的内生动力，实现旅游业的可持续发展。

二、居民旅游影响感知研究假设

学界关于居民旅游影响感知的研究始于 20 世纪 70 年代，在已有文献中，将影响居民旅游影响感知的因素归为社会人口统计学特征、当地及个人对旅游收入的依赖程度、居住地与旅游目的地的距离、社区居住时长及归属感等。性别、年龄、学历、收入等社会人口统计学特征是重要的影响因素，比如，Ritchie（1988）调查发现不同性别的社区居民对当地旅游业发展的态度有所不同；Mason、Cheyne（2000）的研究结果表明，女性对旅游影响的敏感度高于男性。不同年龄段的居民对旅游影响感知存在差异，年长居民与年轻居民相比，年轻居民对旅游发展持更加积极的态度。收入水平的高低直接影响居民旅游影响感知态度，收入水平高的居民更偏向于积极影响，而低收入居民则更关注消极方面，并且对旅游业依赖程度高的居民往往对旅游业发展持更加积极的态度。此外，地理位置也是旅游影响感知的重要因素。Keogh（1990）认为在旅游发展初期阶段，离景区越近的居民对旅游发展给当地经济收入、基础设施等益处有积极的影响感知。国内学者唐晓云（2015）通过对传统村落的研究，指出居民对旅游影响感知态度与个人文化背景和经济因素息息相关。王梅、角媛梅（2016）等人在红河哈尼梯田的研究表明，民族传统社区居民受基础设施、区位条件、旅游资源禀赋及居民本身文化程度等因素的影响，对旅游业发展影响的感知和态度存在明显的差异。尹立杰、张捷（2012）等人基于对安徽省天堂寨的调研，指出地方感与旅游发展的总体程度是影响居民旅游感知与态度的重要因素。郭安禧、郭英之（2018）等人以浙江省乌镇为案例得出旅游影响感知、生活质量、社区依恋对旅游开发有显著影响。

认同是个体认识到其属于特定的社会群体，并且能够理解和感知作为群体成员所共同具有的情感价值和意义。Gamper（1981）在对南奥地利进行研究后认为，旅游发展让两大族群之间持续1000多年的民族边界消失了，并促使两大族群逐渐走向相互认同和融合。文化认同是认同的核心，反映出民族居民对维系民族生存与繁衍的共同价值观和行为范式的承袭。社区认同是民族居民在共同生活中形成的守望相助的紧密关系，反映出对社区的心理归属，是影响居民旅游影响感知的重要因素。环境认同是民族居民对生存环境的认知与依赖，反映出人与自然的协调程度。据此推测，居民的民族认同、文化认同、社区认同、环境认同与其旅游发展意愿相关，故提出如下假设：

H1　居民认同感正向影响旅游发展意愿

H1a　民族认同正向影响旅游发展意愿

H1b　文化认同正向影响旅游发展意愿

H1c　社区认同正向影响旅游发展意愿

H1d　环境认同正向影响旅游发展意愿

社区依恋与地方依恋具有相似之处，是指民族居民与其居住社区的情感联结，对社区本身、公共服务设施和物质环境的接受程度及归属感。居民认同感与社区依恋具有直接关系，认同产生的情感体验会强化居民的社区依恋。民族传统社区居民的民族认同、文化认同、社区认同和环境认同程度越高，其对社区依恋的程度也越强，故提出如下假设：

H2　居民认同感正向影响社区依恋

H2a　民族认同正向影响社区依恋

H2b　文化认同正向影响社区依恋

H2c　社区认同正向影响社区依恋

H2d　环境认同正向影响社区依恋

社区是基于一定的地域边界、责任边界、具有共同的纽带联系和社会认同感、归属感的社会生活共同体，共同的情感关怀维系着人们对社区的认同。社区参与是在社区认同基础上，参与社区治理与建设的活动。根据社区居民的参与能力与意愿，社区参与可以分为积极主动型、消极应对型、自我发展型和权益诉求型。社区居民形成社区认同的过程，既是对社区共同价值的接受与内化，同时也是自我的群体身份建构过程。随着认同程度的加深，居民社区参与的意愿也会随之增强，故提出如下假设：

H3　居民认同感正向影响社区参与

H3a　民族认同正向影响社区参与

H3b　文化认同正向影响社区参与

H3c 社区认同正向影响社区参与

H3d 环境认同正向影响社区参与

地方依恋是人在特定场所进行活动，产生的对该空间环境的心理依赖。社区依恋是居民对某一社区的情感投资，居民在长期的共同生活中建立与社区的情感联结，最终产生对社区的归属感和眷恋感。社区是依恋发生的基础，依恋是居民对社区认知和产生情感后的反映。社区依恋是在对地方物质层面的依赖上，进而产生的精神层面的依恋，是居民自我展示和认同的反映。McCool、Martin（2016）研究发现社区依恋程度对旅游发展意愿有显著影响，社区依恋度高的居民比依恋度低的居民更积极地看待旅游业发展的益处，对旅游业发展表现出更积极的态度。据此推测，如果社区居民具有较强的社区依恋感，其对旅游发展的意愿也会较强，故提出假设：

H4 社区依恋正向影响旅游发展意愿

社区是旅游业可持续发展的重要依托，社区参与是社区直接参与旅游发展规划、开发决策与执行。居民作为社区成员参与旅游发展，主要表现在参与旅游发展决策、旅游收入分配、旅游知识技能培训等。Allen（1988）认为居民参与地方旅游发展的决策程度影响居民对旅游业发展的态度，参与程度越高的居民就会对旅游发展表现出更加积极的态度。卢小丽（2012）认为居民对生态旅游发展的态度对社区参与行为有显著影响，居民的正向感知对态度有正向影响，负向感知则没有显著影响。如果民族传统社区居民拥有更多地参与旅游发展并获得收益的机会，那么他们对旅游开发的支持度也会随之而提升，据此提出假设：

H5 社区参与正向影响旅游发展意愿

居民旅游发展能力是指其是否有能力参与到旅游发展活动中并获益。研究表明旅游发展能力不足会影响旅游业的持续发展，如果社区居民具有较强的旅游发展能力，如资金或技术，那么对旅游开发的态度也会是积极开放的。因此，可以推测来自外部的资金、技术等资源禀赋及来自居民内部对旅游发展的过程控制能力等，均可能影响居民旅游发展态度，据此提出假设：

H6　旅游发展能力正向影响旅游发展意愿

旅游影响感知可分为积极旅游影响感知与消极旅游影响感知。积极旅游影响有利于促进社区居民对旅游发展的意愿，而消极影响则对居民旅游发展意愿呈现抑制效应。例如，Campbell（1999）在研究中发现当居民能更多感受到旅游发展带来的正面影响时，对旅游持积极态度；当旅游因缺少计划、资金等影响进一步发展，造成居民从旅游发展中的正面感知减弱时，居民对旅游发展态度就会产生变化。Perdue（1990）认为居民对旅游正面的社会影响感知与旅游发展态度呈现显著正相关关系，居民感知到的旅游负面社会影响会影响居民对旅游发展的支持程度。因此，提出假设：

H7　旅游影响感知对旅游发展意愿具有显著影响

H7a　正向旅游影响感知正向影响旅游发展意愿

H7b　负向旅游影响感知负向影响旅游发展意愿

第二节　居民旅游影响感知研究设计与数据收集

科学客观的量表是开展有效研究的前提，本节首先介绍了拉萨市农牧民旅游影响感知测量问卷的设计过程，对测量变量及问项进行了阐释。其次简要介绍了课题组在拉萨市墨竹工卡县、林周县、尼木县等地发放并回收问卷的情况，并对有效样本的基本人口学特征进行了简要分析。

一、研究方法及调查问卷设计

（一）研究方法

研究采用问卷法收集数据，并通过结构方程建模方法进行数据分析。其中，结构方程模型基于变量的协方差矩阵分析变量之间关系，包括测量模型检验和结构模型检验。基本过程是在厘清研究变量性质和内容基础上，清晰描述变量的假设性关系，建立具有理论推导性质的假设模型，然后通过统计检验、修正前期的结构模型，形成既有理论推导又经过统计分析技术检验，更具应用价值和推广效应的结构模型。为了判别结构方程模型的契合度，通常从模型的外在质量和内在质量两个方面来评估。

（二）问卷设计

调查问卷主要由社会认同、社区参与、社区依恋、旅游影响感知、旅游发展能力、旅游发展意愿及人口统计特征七个部分组成，共 40 个题项。为了确保旅游影响感知结构模型的信度和效度，本书在问卷测试阶段对题项进行了项目分析，对个别题项进行了筛选和修改，使问卷整体达到具有较高的适切性和可靠性。通过因素相关性分析检验，删除题项与项目总分之间相关检验值不显著（P > 0.05）的题项，然后用内部一致性 α 系数对题项进行同质性检验，同时进行 KMO 和 Bartlett 的球形度检验，以保证问卷具有较高的结构效度。由此，删除该问卷的 13 个题项，保留 27 个题项，如表 8-1 所示。

表 8-1　调查问卷题项设计

潜变量	测量变量
民族认同	我愿意去了解本民族的历史、传统、习俗等 我经常与其他人交流，学习关于本民族的更多知识
文化认同	本民族具有十分悠久的历史 我很尊重本民族历史上的重要人物
社区认同	我认识本村的其他村民 我喜欢本村的其他村民
环境认同	我很关心自然环境 我对自然环境充满了感情
社区依恋	我经常与本村的村民相互联系 我与本村大部分村民具有相似的生活习惯

续表

潜变量	测量变量
社区参与	我认为本村的村民愿意参与旅游发展
	我认为本村的村民能够及时了解旅游发展的信息
	我认为本村的村民有能力参与旅游发展的相关活动
旅游发展能力	我有足够的资金参与旅游发展
	我有足够的知识技术参与旅游发展
旅游影响感知	旅游开发能够创造更多的就业机会
	旅游开发能够吸引更多的投资
	旅游开发能够提高我们的收入水平
	旅游开发能够促进各类文化活动的发展
	旅游开发会导致犯罪率提高
	旅游者丢弃的垃圾会破坏我们的环境
	旅游开发会打破我们平静的生活
旅游发展意愿	我愿意到景区和旅游企业工作
	我支持本村发展旅游
	我认为旅游开发能够促进本村的全面发展
	我认为旅游开发对本村经济发展具有重要作用
	我对本村未来的旅游开发前景充满信心

由于调查区域远离拉萨市区，农牧民普遍使用藏文，对汉字的辨识度不高，故量表的所有题项均采用 Likert 3 点量表进行测量，1—3 分别代表"不是""一般""是"。人口统计量包括性别、年龄、政治面貌、受教育程度。数据采用 SPSS20 和 AMOS24 软件进行分析处理。

二、居民数据采集与样本分析

基于 2018 年拉萨市农牧区民生发展调查有效样本 692 户，对原始数据进行预处理，剔除与本研究直接相关变量数据全部缺失和样本标准差为 0 的 2 个受访家庭，有效样本为 690 份。

如表 8-2 所示，在有效样本中男性占 46.2%，女性占 53.8%。76.5% 的居民政治面貌均属于群众。20 世纪 90 年代及以后出生的居民占比很少（6.6%），93.4% 的居民出生时间处于 50 年代到 90 年代之间。从受教育程度上来看，40.2% 的居民属于文盲，没有上过学；44.6% 的居民虽然上过学，但只有小学水平，可见样本受教育程度普遍不高。

表 8–2　有效样本人口统计特征描述

参数类别	样本特征	频率	百分比（%）
性别	男性	319	46.2
	女性	371	53.8
政治面貌	共青团员	21	3
	民主党派	2	0.4
	群众	528	76.5
	中共党员	139	20.1
出生时间	20 世纪 50 年代及以前	155	22.5
	60 年代	182	26.4
	70 年代	175	25.4
	80 年代	132	19.1
	90 年代及以后	46	6.6
受教育程度	没上过学	277	40.2
	小学	308	44.6
	初中	66	9.6
	高中	11	1.6
	中专/职高	2	0.3
	大专/高职	5	0.7
	大学本科	9	1.3
	其他	12	1.7

第三节　居民旅游影响感知研究实证分析

本节在研究模型和假设的基础上，使用 SPSS 和 AMOS 软件对调查数据进行分析。首先，检验了测量模型的信度和效度，确保研究的科学性。其次，对旅游影响感知结构模型和研究假设进行了检验，通过分析探索并确定拉萨市农牧民旅游影响感知各相关变量之间的作用路径。

一、旅游影响感知研究信效度检验

为了确保研究结论的可靠性和有效性，在进行结构模型检验之前，基于 690 份有效问卷，运用软件对测量模型的信度和效度进行了检验，以保证结构模型有实际意义。

信度检验一般以克隆巴赫系数（Cronbach）为标准。Cronbach α 系数是检验量表或构念内在一致性的重要参考指标。当 α 值 > 0.7 时，属于高信度；$0.35 \leq \alpha < 0.7$ 时，属于尚可；$\alpha < 0.3$ 则为低信度。由表 8–3 可知，9 个潜在变量的 Cronbach α 值均大于 0.35，表明各维度的内部一致性尚可。该量表的整体 Cronbach α 值为 0.7，表明该量表具有较高的信度。

表 8–3　测量模型的信度检验

潜在变量	题项数	Cronbach α	整体 α 系数
民族认同	2	0.59	
文化认同	2	0.47	
社区认同	2	0.36	
环境认同	2	0.45	
社区依恋	2	0.37	0.70
社区参与	3	0.55	
旅游发展意愿	5	0.63	
旅游发展能力	2	0.56	
旅游影响感知	7	0.46	

在效度检验方面，采用探索性因子分析法对问卷数据进行分析，数据表明：KMO 统计量为 0.77（Kaiser 给出了常用的 KMO 度量标准：0.9

以上表示非常合适；0.8 表示适合；0.7 表示一般；0.6 表示不太适合；0.5 以下表示极不适合），表明因子分析效果比较好，再由 Bartlett 球形检验的统计量为 2829.268，显著性概率小于 0.001，可知各变量之间独立性假设不成立，通过球形检验，表明变量之间具有较强的相关性，适合做因子分析。

为了更好地研究 9 个潜变量之间的结构关系，本书由旅游影响感知结构方程模型中，分别以内生因素和外生因素两个方面提取了两个结构模型。内生因素结构方程属于二重无因果中介模型，有社区参与和社区依恋两个中介变量，需要考虑中介效应。外生因素结构方程属于直接方程模型，无中介变量，无须考虑中介效应。在模型二中，由于旅游影响感知的题项分为正向旅游影响感知和负向旅游影响感知，故此模型中自变量有 3 个。

二、旅游影响感知结构模型检验

（一）模型一内生因素结构方程模型

研究参照结构方程模型统计方法，对结构方程模型进行验证性检验。结构方程模型验证通常需要参数检验。参数检验主要指参数的显著性检验（C.R. > 1.96，P < 0.05）和合理性检验（参数估计的方差、标准误差要大于 0，标准化路径系数不能超过或太接近于 1 等）。根据本书的实际参数值可知，内生因素结构方程模型中，H2b：文化认同正向影响社区依恋的路径参数检验值（C.R.=-1.641，P=0.101），H2d：环境认同正向影响社区依恋的路径参数检验值（C.R.=0.384，P=0.701），以及 H3d：环境认同正向影响社区参与的路径参数检验值（C.R.=1.674，p=0.094），这三条路径不满足参数显著性检验适配标准。删除这三条路径后，再对内生因素结构方程模型进行修正并再次检验，其他所有参数检验值均在参数检验标准范围内，表明符合标准，如表 8-4 所示。

表 8-4　模型参数检验值

模型路径		S.E.		C.R.		P	
		修正前	修正后	修正前	修正后	修正前	修正后
H1a	民族认同→旅游发展意愿	.383	.334	−3.342	−3.543	***	***
H1b	文化认同→旅游发展意愿	.450	.378	2.645	2.670	.008	.008
H1c	社区认同→旅游发展意愿	.255	.212	−2.196	−2.279	.028	.023
H1d	环境认同→旅游发展意愿	.380	.373	2.063	3.266	.039	.001
H2a	民族认同→社区依恋	.132	.072	4.519	5.800	***	***
H2b	文化认同→社区依恋	.186		−1.641		.101	
H2c	社区认同→社区依恋	.130	.099	4.471	4.816	***	***
H2d	环境认同→社区依恋	.300		.384		.701	
H3a	民族认同→社区参与	.260	.248	5.333	5.327	***	***
H3b	文化认同→社区参与	.365	.336	−3.269	−3.097	.001	.002
H3c	社区认同→社区参与	.179	.166	3.170	3.149	.002	.002
H3d	环境认同→社区参与	.460		1.674		.094	
H4	社区依恋→旅游发展意愿	.151	.140	2.003	2.157	.045	.031
H5	社区参与→旅游发展意愿	.148	.138	4.409	4.650	***	***

注：*** 表示 $P < 0.001$。

　　参照结构方程模型的内在质量常用指标，根据修正后内在因素结构方程模型标准化的因子载荷量，通过 EXPS 小程序计算出模型一的组合信度（CR）的实际数值，并结合参数估计值（C.R.）来对模型进行检验。由下表可以看出，模型一中的因子载荷量在显著性水平 $P < 0.05$ 的情况下均大于 1.96，表明该模型具有良好的效度证据。组合信度均大于 0.4，表明该测量模型组合信度可以接受，如表 8-5 所示。

表 8–5　模型一内在质量检验

潜在变量	测量题项	因子载荷	Estimate	C.R.	P	组合信度 CR
民族认同	Ha01	0.61	1.085	9.855	***	0.575
	Ha02	0.66	1.000			
文化认同	Hb01	0.63	1.000			0.4359
	Hb02	0.42	0.676	6.396	***	
社区认同	Hc02	0.56	1.000			0.4262
	Hc03	0.48	0.434	4.736	***	
环境认同	Hd02	0.62	1.333	2.640	.008	0.46
	Hd03	0.47	1.000			
社区依恋	He01	0.79	1.000			0.4688
	He02	0.28	0.280	3.493	***	
社区参与	Hf01	0.48	0.668	8.039	***	0.5488
	Hf02	0.56	1.133	8.745	***	
	Hf03	0.57	1.000			
旅游发展意愿	Hg01	0.42	1.000			0.6809
	Hg03	0.51	.699	7.873	***	
	Hg04	0.67	.977	7.023	***	
	Hg05	0.46	.575	6.944	***	
	Hg06	0.66	.879	6.970	***	

注：*** 表示 p < 0.001。

由表 8–6 可以看出，内生因素结构方程模型外在质量较好，模型估计结果的适配度卡方值分别为 125.755，接受虚无假设，表示假设模型导出的协方差矩阵与由样本数据估计的协方差矩阵契合，即理论模型与观察数据可以适配。此外，模型整体适配度的卡方自由度比值为 1.123，在 1—3 之间，RMSEA 值 =0.013 < 0.05，GFI 值为 0.980 > 0.900，AGFI 值 =0.970 > 0.900，CFI 值 =0.99 > 0.900，表示假设模型与观察数据可以契合。

表 8-6　模型一主要适配度检验指标

统计检验量	CMIN/DF	RMSEA	GFI	AGFI	CFI
适度标准值	< 3	< 0.08	> 0.9	> 0.9	> 0.9
模型值	1.123	0.013	0.98	0.97	0.99
结果判断	达标	达标	达标	达标	达标

（二）模型二外生因素结构方程模型

与模型一相同，参照结构方程模型统计方法对模型二进行参数值检验。由表 8-7 可以看出，在模型二中，三条路径均满足参数显著性检验适配标准（C.R. > 1.96，P < 0.05）。

表 8-7　模型参数检验值

模型路径		S.E.	C.R.	P
H6	旅游发展能力→旅游发展意愿	.035	2.009	.045
H7a	正向旅游影响感知→旅游发展意愿	.104	7.115	***
H7b	负向旅游影响感知→旅游发展意愿	.046	−2.471	.013

注：*** 表示 P < 0.001。

根据外在因素结构方程模型的标准化因子载荷量，同样通过 EXPS 小程序计算出模型的组合信度（CR）的实际数值，并结合参数估计值（C.R.）来对模型进行检验。由表 8-8 可以看出，模型二的因子载荷量均达到显著（C.R. > 1.96，P < 0.05），组合信度均大于 0.5，表明该测量模型组合信度较高。

表 8-8　模型二内在质量检验

潜在变量	测量题项	因子载荷	Estimate	C.R.	P	组合信度 CR
旅游发展能力	Hh01	0.68	1.161	3.941	***	0.5558
	Hh03	0.56	1.000			

潜在变量	测量题项	因子载荷	Estimate	C.R.	P	组合信度 CR
正向旅游影响感知	Hi01	0.60	1.001	10.389	***	0.6561
	Hi02	0.49	1.251	9.035	***	
	Hi03	0.63	0.853	10.360	***	
	Hi04	0.55	1.000			
负向旅游影响感知	Hi08	0.62	1.527	7.175	***	0.6069
	Hi09	0.73	1.868	6.559	***	
	Hi10	0.38	1.000			
旅游发展意愿	Hg01	0.41	1.000			0.6506
	Hg03	0.53	.754	8.460	***	
	Hg04	0.57	.851	7.947	***	
	Hg05	0.52	.675	7.689	***	
	Hg06	0.57	.788	7.764	***	

注：*** 表示 P ＜ 0.001。

由表 8-9 可以看出，外生因素结构方程模型外在质量较好，模型估计结果的适配度卡方值分别为 78.912，接受虚无假设，表示假设模型导出的协方差矩阵与由样本数据估计的协方差矩阵契合，即理论模型与观察数据可以适配。此外，模型整体适配度的卡方自由度比值为 1.223，在 1-3 之间，RMSEA 值 =0.018 ＜ 0.05，GFI 值为 0.984 ＞ 0.900，AGFI 值 =0.973 ＞ 0.900，CFI 值 =0.989 ＞ 0.900，表示假设模型与观察数据可以契合。

表 8-9　模型二主要适配度检验指标

统计检验量	CMIN/DF	RMSEA	GFI	AGFI	CFI
适度标准值	＜ 3	＜ 0.08	＞ 0.9	＞ 0.9	＞ 0.9
模型值	1.233	0.18	0.984	0.973	0.989
结果判断	达标	达标	达标	达标	达标

三、旅游影响感知研究假设检验

（一）模型一的假设检验及路径系数值

根据路径的显著性对假设进行了检验，表 8-10 将研究假设、标准化路径系数、显著性水平和假设检验结果进行了汇总，在模型一中的14 个研究假设，其中有 8 个研究假设的显著性水平均大于 0.05，且 *T* 值大于 1.96，故假设检验成立。H1a：民族认同→旅游发展意愿、H1c：社区认同→旅游发展意愿，以及 H3b：文化认同→社区参与，显著性水平 P ＜ 0.05，标准化系数为负，可见其具有显著性负向影响。H2b：文化认同→社区依恋、H2d：环境认同→社区依恋，以及 H3d：环境认同→社区参与的显著性水平 P 均大于 0.05，故假设不成立。

表 8-10　假设检验及标准化路径系数

	研究假设	标准化系数	P	验证结果
H1a	民族认同→旅游发展意愿	-.966	***	假设不成立
H1b	文化认同→旅游发展意愿	.686	.008	假设成立
H1c	社区认同→旅游发展意愿	-.441	.023	假设不成立
H1d	环境认同→旅游发展意愿	.240	.001	假设成立
H2a	民族认同→社区依恋	.352	***	假设成立
H2b	文化认同→社区依恋		.101	假设不成立
H2c	社区认同→社区依恋	.450	***	假设成立
H2d	环境认同→社区依恋		.701	假设不成立
H3a	民族认同→社区参与	.816	***	假设成立
H3b	文化认同→社区参与	-.534	.002	假设不成立
H3c	社区认同→社区参与	.362	.002	假设成立
H3d	环境认同→社区参与		.094	假设不成立
H4	社区依恋→旅游发展意愿	.294	.031	假设成立
H5	社区参与→旅游发展意愿	.848	***	假设成立

注：*** 表示 P ＜ 0.001。

（二）模型二的假设检验及路径系数值

在模型二外生因素结构方程模型中，如表 8-11 所示，可知模型二中三个研究假设显著性水平 P 均小于 0.05，假设成立。

表 8-11　假设检验及标准化路径系数

研究假设		标准化系数	P	验证结果
H6	旅游发展能力→旅游发展意愿	.115	.045	假设成立
H7a	正旅游影响感知→旅游发展意愿	.732	***	假设成立
H7b	负旅游影响感知→旅游发展意愿	–.142	.013	假设成立

注：*** 表示 P < 0.001。

（三）基于人口统计学特征的假设检验

多群组结构方程模型分析的目的在于探究适配于某一个群体的路径模型图是否也适配于其他群体，即评估研究者所提出的假设模型在不同样本间是否相等或参数具有不变性。以此为目标，本书采用不同人口统计变量与接受程度结构假设模型进行多群组结构方程模型的拟合检验，以进一步审视假设模型的适配情况，并探索假设模型中的变量在不同群体中的特征。

1. 模型一的多群组分析假设检验

模型一的多群组分析结果如表 8-12 所示，首先将 690 份问卷按照性别、政治面貌、年龄分布、受教育程度进行分类，各群体和修正后的内生因素结构方程模型用软件进行多群组结构方程模型拟合的结果表现很好：以性别、政治面貌、年龄分布、受教育程度为控制变量，模型估计结果的适配度卡方值分别为 245.948、252.580、234.565、229.137，显著性概率值 P=0.60、0.059、0.058、0.064，P 值均大于 0.05，接受虚无假设，表示假设模型导出的协方差矩阵与由样本数据估计的协方差矩阵契合，即理论模型与观察数据可以适配。此外，以性别、政治面貌、年龄分布、受教育程度为控制变量的模型整体适配度的卡方自由度比值均在 1—3 之间，RMSEA 值均小于 0.05，GFI 值、AGFI 值以及 CFI 值均大于 0.900，表示假设模型与观察数据可以契合。

表 8–12　多群组分析结果

群组	CMIN/DF	RMSEA	GFI	AGFI	CFI
性别	1.240	0.019	0.962	0.935	0.970
政治面貌	1.071	0.010	0.966	0.945	0.991
年龄分布	1.161	0.015	0.964	0.940	0.980
受教育程度	1.157	0.015	0.965	0.940	0.980

2. 模型二的多群组假设检验

模型二的多群组分析结果如表 8–13 所示，按照性别、政治面貌、年龄分布、受教育程度进行分类，利用 AMOS24 软件进行多群组分析，拟合的结果较好，以性别、政治面貌、年龄分布、受教育程度为控制变量，模型估计结果的适配度卡方值分别为 147.066、142.949、318.567、151.989，显著性概率值 P=0.097、0.059、0.051、0.073，P 值均大于 0.05，接受虚无假设，表示假设模型导出的协方差矩阵与由样本数据估计的协方差矩阵契合，即理论模型与观察数据可以适配。此外，以性别、政治面貌、年龄分布、受教育程度为控制变量的模型整体适配度的卡方自由度比值均在 1—3 之间，RMSEA 值均小于 0.05，GFI 值、AGFI 值以及 CFI 值均大于 0.900，表示假设模型与观察数据可以契合。

表 8–13　多群组分析结果

群组	CMIN/DF	RMSEA	GFI	AGFI	CFI
性别	1.167	0.016	0.971	0.951	0.985
政治面貌	1.211	0.018	0.972	0.950	0.983
年龄分布	1.244	0.011	0.979	0.965	0.985
受教育程度	1.187	0.017	0.970	0.950	0.983

四、旅游影响感知影响效应分析

旅游影响感知结构方程中各变量之间关系复杂，既有直接效应，也有通过中介变量的间接效应。为了清楚地了解这些变量间的关系，本书进一步对内生因素结构方程模型和外生因素结构方程模型进行效应分析。

（一）模型一内生因素结构方程模型

1.变量间的总效应

修正后的内生因素结构方程模型是具有显著的结构关系，各变量之间的总效应见表8–14。由于文化认同和环境认同未对社区依恋产生显著性影响以及环境认同同样未对社区参与产生显著性影响，故表中没有列出这三个结构变量的总效应值。

在修正后的内生因素结构方程模型中，旅游发展意愿受环境认同、社区认同、文化认同、民族认同、社区认同的共同影响，其中社区参与对旅游发展意愿的影响最大，总效应值为0.848，这表明社区参与程度越高，居民的旅游发展意愿越强烈。环境认同对旅游发展意愿具有直接效应，值为0.240。社区参与则重点受到民族认同的影响，值为0.816，说明民族认同越高，社区参与程度越强。社区认同和民族认同共同影响社区依恋，其中社区依恋受社区认同的影响最大，值为0.45，表示社区认同程度越高，居民对社区依恋程度也越高。

表8–14　模型一变量间的总效应值

因变量 自变量	环境认同	社区认同	文化认同	民族认同	社区参与	社区依恋
社区参与		.362	−.534	.816		
社区依恋		.450		.352		
旅游发展意愿	.240	−.002	.233	−.171	.848	.294

2.中介变量效应

由修正后的内生因素结构方程模型，可知模型一属于二重无因果中介模型，其中，社区依恋是民族认同和社区认同到旅游发展意愿的中介变量，即民族认同和社区认同既能直接影响旅游发展意愿，又能通过社区依恋作用于旅游发展意愿；社区参与是民族认同、文化认同和社区认同到旅游发展意愿的中介变量，即民族认同、文化认同和社区认同既能直接影响旅游发展意愿，又能通过社区参与作用于旅游发展意愿。

本书利用 AMOS24 软件工具的贝叶斯估计，通过自写编程，采用具有先验信息的马尔科夫链蒙特卡罗（MCMC）方法，选择 95% 的置信区间。分析结果表明，社区依恋这一中介变量方面，民族认同、社区认同对旅游影响感知的直接效应分别为 0.529 和 0.403，通过社区依恋对旅游影响感知产生的间接效应分别为 0.144 和 0.168，故社区依恋的中介效应分别为 21% 和 29%。在社区参与这一中介变量中，民族认同、文化认同和社区认同对旅游影响感知的直接效应分别为 0.525、0.747 和 0.403，通过社区参与对旅游影响感知产生的间接效应分别为 0.362、0.478 和 0.223，故社区参与的中介效应分别为 41%、40% 和 37%，如表 8–15 所示。通过以上数据的比较，可得社区依恋这一中介变量虽然产生了中介效应，但作用不是很明显，而社区参与这一中介变量接近于重要影响力中介变量标准。这是说明社区依恋对旅游影响感知的影响中发挥了部分中介效应，而社区参与则是影响旅游影响感知的关键变量。

表 8–15　社区参与和社区依恋的中介效应

中介变量	路径	Effect	S.E.	95%置信区间		比例（%）
				LLCI	ULCI	
社区依恋	民族认同→旅游发展意愿	0.529	0.016	−2.784	−0.761	
	民族认同→社区依恋→旅游发展意愿	0.144	0.004	0.063	0.615	21
	社区认同→旅游发展意愿	0.403	0.016	−1.797	−0.234	
	社区认同→社区依恋→旅游发展意愿	0.168	0.005	0.065	0.717	29

中介变量	路径	Effect	S. E.	95%置信区间		比例（%）
				LLCI	ULCI	
社区参与	民族认同→旅游发展意愿	0.529	0.016	−2.784	−0.761	
	民族认同→社区参与→旅游发展意愿	0.362	0.009	0.499	1.896	41
	文化认同→旅游发展意愿	0.747	0.031	0.587	3.510	
	文化认同→社区参与→旅游发展意愿	0.478	0.015	−2.141	−0.316	40
	社区认同→旅游发展意愿	0.403	0.016	−1.797	−0.234	
	社区认同→社区参与→旅游发展意愿	0.223	0.008	0.159	1.016	37

（二）模型二外生因素结构方程模型

由外生因素结构方程模型可知，模型二属于简单结构方程模型，其中自变量 3 个，因变量 1 个，无中介变量，故本书对于模型二只研究了变量间的总效应，如表 8-16 所示，旅游发展意愿受到负向旅游影响感知、正向旅游影响感知和旅游发展能力的共同影响，其中正向旅游影响感知对农牧民的旅游发展意愿最大，值为 0.732，负向旅游影响感知对居民旅游发展意愿起着负效应值作用，即负向旅游影响感知越强烈，居民的旅游发展意愿越小。

表 8-16　模型二变量间的总效应值

	负向旅游影响感知	正向旅游影响感知	旅游发展能力
旅游发展意愿	−.142	.732	.115

第四节　结论与建议

一、结论

本章通过结构方程分析对农牧民旅游影响感知与意愿模型进行了检验，通过路径分析和效应分析，得出以下结论：

第一，社区参与、社区依恋、环境认同、文化认同及旅游发展能力对农牧民的旅游发展意愿有不同程度的正向影响。社区参与又称社区参与式旅游发展，是一种公众参与社区治理与发展的形式，意味着居民对旅游社区责任的分担和成果共享，拉萨市农牧民的旅游发展意愿很大程度上取决于社区参与程度，表明拉萨市农牧民的自觉意识和社区凝聚力较强。居民感知的形成是一个在直接经验、社会互动和媒体影响下形成的个人自我感知与个体行为、群体感知及群体行为交互作用影响的循环过程。居民对于旅游影响的感知主要体现在经济、社会、文化、环境等各个方面，其中，正向的旅游影响感知可以给拉萨市农牧民带来经济效应、社会效应、文化效应和环境效应。社区依恋是经由个体情感及行为而展现出被概念化为个体对于社区的认同与评价，包含了个体对社区的认知、偏好或判断，或是一种情绪或情感上的联结与归属，感情因素居于首要地位。研究结果显示，拉萨市农牧民的社区依恋显著影响其旅游发展意愿，可见拉萨市农牧区旅游地方性和民族特色未被淡化，居民对农牧区情感上的连接感和归属感较强。

环境认同是居民与环境相联系的自我特征意义，直接影响居民的环境行为，并通过环境态度对环境产生间接影响。环境认同具有建构作用，主要通过旅游影响感知作用于居民旅游发展意愿，形成了复杂的互动关系。因此，旅游发展必须得到来自旅游地居民的环境认同，居民的环境认同也将对旅游发展意愿产生重要影响。实证分析发现，拉萨市农牧民的环境认同对旅游发展意愿具有显著的正向影响，表明居民的环境认同较强，对环境的态度积极。此外，农牧民的文化认同对于旅游发展意愿具有正向显著影响。文化认同是居民自觉投入并归属于所在文化群体的程度。随着民族地区旅游业的发展，主客互动的旅游场域中为不同文化的交往交流与交融提供了机会。拉萨市旅游业除了自然观光，悠久的历史文化也是吸引游客的重要旅游资源，农牧民对于本民族文化的高度认同，使其在对外交往中，能够充满自信地展示民族优秀文化，获得旅游者的欣赏和赞美。

第二，拉萨市农牧民负向旅游影响感知制约了旅游发展的意愿。农牧区旅游发展在带来经济收益的同时，也产生了一些负面影响，比如旅游开发导致的自然环境变化，游客大量涌入后产生的文化冲突、社会环境影响，以及物价上涨、生态破坏、贫富差距、分配不公等现象，使得社区居民对旅游发展产生了一定的抵触情绪，不利于社区参与旅游的可持续性发展。

第三，社区参与及社区依恋对农牧民的旅游发展意愿具有中介效应。数据分析显示社区参与的中介效应大于社区依恋，社区依恋具有部分中介效应。社区参与主要受到民族认同、文化认同和社区认同的共同影响，其中民族认同对社区参与的影响最大。社区依恋则是受社区认同和民族认同共同影响，其中社区认同的影响效应较大。此外，多群组结构方程模型实证的结果表明，以性别、政治面貌、年龄分布、受教育程度为控制变量的旅游影响感知模型并没有显著差异，说明个人特征对拉萨市农牧民旅游发展意愿的影响有限。

二、建议

拉萨市农牧民旅游影响感知的各结构要素对其旅游发展意愿有不同程度的影响，为了更好地促进旅游业发展，使农牧民能够更积极支持和参与到旅游发展活动中，可采取以下措施：

第一，注重保护民族特色，同时不断挖掘民族文化内涵，增强居民的文化认同。拉萨市作为藏传佛教圣地，拥有布达拉宫、大昭寺、小昭寺等历史悠久的古迹，不仅吸引着大批佛教文化爱好者，同时也成为游客朝圣之旅的必到之处。在旅游开发过程中，要注重传统民族文化特色与风俗的保护，不断挖掘、丰富藏族传统文化的内涵，对其进行整合、继承与发扬，积淀拉萨市文化底蕴，维系文化的本真性，增强农牧民的文化认同，使其对旅游发展持更加积极的态度。

　　第二，旅游部门制定政策时应更进一步兼顾居民利益。政府及相关部门在制定旅游开发、管理政策时要充分考虑农牧民的利益，减少因旅游发展带来的负向影响。随着拉萨市旅游的快速发展，很多旅游基础设施跟不上旅游人数的增长，一定程度上造成目的地居民对迅猛增长的旅游人口、交通堵塞、环境压力等负面影响产生消极的旅游影响感知，进而降低居民的旅游发展意愿。相关部门应加强旅游基础设施建设，一方面，改善交通设施、住宿条件、餐饮条件等，合理规划，尽可能降低游客对本地居民的生产生活影响；另一方面，积极促进农牧民参与旅游就业，增加旅游收入，提升其积极的旅游影响感知。

　　第三，提高农牧民参与旅游发展决策的程度，以及发展旅游的个人能力。居民是旅游发展的主要利益相关体之一，其对旅游发展的态度直接影响目的地旅游发展的可持续性。拉萨市农牧区可以合作社为组织载体，积极探索"农牧民—合作社—政府—旅游公司"等多种模式，让农牧民及时了解政府旅游开发、发展政策，以有效的方式参与旅游。通过各类旅游开发合作模式，为农牧民参与旅游提供资金、技术的支持。同时，政府或旅游企业可采取针对性的就业技能培训，因地制宜、因人制宜地开展精准帮扶，增强农牧民的旅游服务意识、农副特产品的生产能力以及旅游接待能力等，使更多的农牧民有能力参与旅游发展，从旅游开发中获得经济、文化、社会增权。

参考文献

杨丹等:《拉萨市农牧区民生发展调查报告(2017)》,人民出版社2018年版。

黄红光等:《金融排斥、农业科技投入与农业经济发展》,《管理世界》2018年第9期。

徐光顺等:《技术与农户普惠金融》,《农业技术经济》2018年第4期。

张栋浩、尹志超:《金融普惠、风险应对与农村家庭贫困脆弱性》,《中国农村经济》2018年第4期。

吴卫星等:《金融素养与家庭资产组合有效性》,《国际金融研究》2018年第5期。

谭燕芝、彭千芮:《普惠金融发展与贫困减缓:直接影响与空间溢出效应》,《当代财经》2018年第3期。

顾宁、刘杨:《我国农村普惠金融发展的微观特征分析》,《农业技术经济》2018年第1期。

谢平等:《欠发达地区居民金融素养、金融福祉与普惠金融发展关系研究:以贵港为例》,《区域金融研究》2018年第9期。

卢亚娟、张菁晶:《农村家庭金融资产选择行为的影响因素研究——基于CHFS微观数据的分析》,《管理世界》2018年第5期。

多吉战都、武建华主编:《西藏统计年鉴(2018)》,中国统计出版社2018

年版。

国务院发展研究中心"中国民生调查"课题组:《中国民生调查 2018 综合研究报告——新时代的民生保障》,《管理世界》2018 年第 11 期。

肖龙铎、张兵:《金融可得性、非农就业与农民收入——基于 CHFS 数据的实证研究》,《经济科学》2017 年第 2 期。

王博等:《网络借贷是实现普惠金融的有效途径吗——来自"人人贷"的微观借贷证据》,《中国工业经济》2017 年第 2 期。

卢盼盼、张长全:《中国普惠金融的减贫效应》,《宏观经济研究》2017 年第 8 期。

张珩等:《农村普惠金融发展水平及影响因素分析——基于陕西省 107 家农村信用社全机构数据的经验考察》,《中国农村经济》2017 年第 1 期。

郭连强、祝国平:《中国农村金融改革 40 年:历程、特征与方向》,《社会科学战线》2017 年第 12 期。

杨昆等:《基于比较优势的西藏产业优化发展研究》,《西藏民族大学学报(哲学社会科学版)》2017 年第 4 期。

苏静、孙九霞:《旅游影响民族社区社会关系变迁的微观研究——以岜沙苗寨为例》,《旅游学刊》2017 年第 4 期。

梁旺兵、魏欣:《基于旅游影响感知的民族地区居民聚类研究——以甘南藏族自治州为例》,《西北民族大学学报(哲学社会科学版)》2017 年第 3 期。

董晓林、朱敏栗:《农村金融供给侧改革与普惠金融体系建设》,《南京农业大学学报(社会科学版)》2016 年第 11 期。

多吉战都主编:《西藏统计年鉴(2015)》,中国统计出版社 2015 年版。

谢彦君:《基础旅游学》(第 4 版),商务印书馆 2015 年版。

杨龙等:《我国贫困瞄准政策的表达与实践》,《农村经济》2015 年第 1 期。

[巴西] 莱娜·拉维纳斯,《世纪的福利国家》,周艳辉译,《国外理论动态》2014 年第 7 期。

[印] 阿比吉特·班纳吉、[法] 埃斯特·迪弗洛:《贫穷的本质:我们为什

么摆脱不了贫穷》，景芳译，中信出版集团 2013 年版。

张伟宾、汪三贵：《扶贫政策、收入分配与中国农村减贫》，《农业经济问题》2013 年第 2 期。

袁方、史清华：《不平等之再检验：可行能力和收入不平等与农民工福利》，《管理世界》2013 年第 10 期。

张彬斌：《新时期政策扶贫——目标选择和农民增收》，《经济学（季刊）》2013 年第 3 期。

杨爱婷、宋德勇：《中国社会福利水平的测度及对低福利增长的分析——基于功能与能力的视角》，《数量经济技术经济研究》2012 年第 11 期。

韩克庆、郭瑜：《"福利依赖"是否存在？——中国城市低保制度的一个实证研究》，《社会学研究》2012 年第 2 期。

陈燕：《不同生命周期阶段民族旅游地居民对旅游影响的感知与态度——基于傣族、哈尼族村寨的比较研究》，《黑龙江民族丛刊》2012 年第 4 期。

刘冬梅：《中国政府开发式扶贫资金投放效果的实证研究》，《管理世界》2011 年第 6 期。

叶静怡、刘逸：《欠发达地区农户借贷行为及福利效果分析——来自云南省彝良县的调查数据》，《中央财经大学学报》2011 年第 2 期。

岳希明等：《农村扶贫资金效果评估——以扶贫重点县为例》，载国家统计局农村社会经济调查司：《中国农村贫困监测报告 2010》，中国统计出版社 2011 年版。

陈立中：《收入增长和分配对我国农村减贫的影响——方法、特征与证据》，《经济学（季刊）》2009 年第 2 期。

黄燕玲、罗盛锋：《少数民族地区居民对农业旅游影响的感知研究——以广西恭城瑶族自治县红岩新村为例》，《广西民族研究》2008 年第 2 期。

徐月宾等：《中国农村反贫困政策的反思——从社会救助向社会保护转变》，《中国社会科学》2007 年第 3 期。

高进云等：《农地城市流转前后农户福利变化的模糊评价——基于森的可

行能力理论》,《管理世界》2007年第6期。

李志飞:《少数民族山区居民对旅游影响的感知和态度——以柴埠溪国家森林公园为例》,《旅游学刊》2006年第2期。

卢峰:《中国:探讨第二代农村反贫困策略——北京大学中国经济研究中心(CCER)与世界银行研究院(WBI)"扶贫与发展"系列研讨会述评》,2001年。

丁玲辉:《略谈西藏传统养生体育的特点与健身意义》,《西藏大学学报(汉文版)》2001年第1期。

赵克勤:《集对分析及其初步应用》,浙江科学技术出版社2000年版。

刘文璞:《中国的贫困与扶贫政策》,载刘溶沧主编:《中国:走向21世纪的公共政策选择》,社会科学文献出版社1999年版。

唐晓云:《古村落旅游社会文化影响:居民感知、态度与行为的关系——以广西龙脊平安寨为例》,《人文地理》2015年第1期。

王梅、角媛梅、华红莲等:《红河哈尼梯田遗产区居民旅游影响感知和态度的村寨差异》,《旅游科学》2016年第3期。

尹立杰、张捷、韩国圣等:《基于地方感视角的乡村居民旅游影响感知研究——以安徽省天堂寨为例》,《地理研究》2012年第10期。

郭安禧、郭英之、李海军等:《居民旅游影响感知对支持旅游开发的影响——生活质量和社区依恋的作用》,《经济管理》2018年第2期。

卢小丽:《居民旅游影响感知、态度与参与行为研究》,《科研管理》2012年第10期。

Campbell, L.M., "Ecotourism in rural developing communities", *Annals of Tourism Research*, Vol.26, No.3 (Mar 1999).

Perdue, R.R., Long, P.T., Allen.L., "Resident support for tourism development", *Annals of Tourism Research*, Vol.17, No.4 (April 1990).

Mason, P., Cheyne, J., "Residents' attitudes to proposed tourism development", *Annals of Tourism Research*, Vol.27, No.2 (February 2000).

Keogh, B., "Public Participation in Community Tourism Planning", *Annals of*

Tourism Research, Vol.17, No.3（Mar 1999）.

Josef, A.Gamper., "Tourism in Austria a case study of the influence of tourism on ethnic relations", *Annals of Tourism Research*, Vol.8, No.3（Mar 1981）.

McCool, S.F., Martin, S.R., "Community Attachment and Attitudes Toward Tourism Development", *Journal of Travel Research*, Vol.32, No.3（Mar 1994）.

Allen, L.R., Long, P.T., Perdue, R.R, et al. "The Impact Of Tourism Development On Residents' Perceptions Of Community Life", *Journal of Travel Research*, Vol.27, No.1（January 1988）.

Ravallion,M.,"A Comparative Perspective on Poverty Reduction in Brazil, China, and India", *The World Bank Research Observer*, Vol.26, No.1（February 2011）.

Montalvo, J.G., Ravallion. M.,"The pattern of growth and poverty reduction in China", *Journal of Comparative Economics*, Vol.38, No.1（2010）.

Park A., Wang, S.G., "Community-based Development and Poverty Alleviation: An Evaluation of China's Poor Village Investment Program", *Journal of Public Economics*, Vol. 94, No. 9–10（October 2010）.

Kendall, J., et al., "Measuring Financial Access Around the World", World Bank, No. 5253, 2010.

Huang, J.K., et al., " Economic Growth, the Nature of Growth and Poverty Reduction in Rural China", *China Economic Journal*, Vol. 1, No. 1（February 2008）.

Geach, N., " The Digital Divide, Financial Exclusion and Mobile Phone Technology: Two Problems，One Solution?", *Journal of International Trade Law and Policy*, Vol. 6, No.1（May2007）.

Ravallion, M., Chen, S.H., "China's (uneven) Progress against Poverty", *Journal of Development Economics*, Vol. 82, No.1（January 2007）.

Fan, S.G., "Public Investment and Poverty Reduction: What have We Learnt from India and China", Paper Prepared for the ADBI Conference, Tokyo, 2003.

World Bank, "World Development Report 2000/2001: Attacking Poverty",

Washington DC: World Bank, 2001.

Lelli, S., "Factor Analysis vs. Fuzzy Sets Theory: Assessing the Influence of Different Techniques on Sen's Functioning Approach", CES Discussion Paper Series. Katholieke Univerwiteit Leuven.

Stoesz, D., Saunders D., "Welfare Capitalism: A New Approach to Poverty Policy?", *Social Service Review*, Vol.73, No.3 (September 1999).

Sen, A., *Inequality Reexamined*, Oxford: Oxford University Press, 1992.

Sen, A., "Well-Being, Agency and Freedom:the Dewey Lectures 1984", *The Journal of Philosophy*, Vol. 82, No. 4 (April1985).

Sen, A., *On Economic Inequality*, Oxford: Clarendon Press, 1973.

后 记

　　《拉萨市民生发展调查报告(2018)》是继《拉萨市民生发展调查报告(2017)》后西藏民生研究中心的又一重要研究成果,既见证了拉萨市农牧区一年来的变化,又见证了西藏大学珠峰研究院西藏民生研究中心团队一年来的成长,这也是我结束援藏工作感到最欣慰的事。就在我写后记的时候,2019年发展调查报告的初稿也已完稿交付出版社。2018年的调查工作除了后台数据处理由西南财经大学家庭金融调查研究中心完成,其他均由西藏大学师生承担完成,再次让我感受到西藏民生研究中心的师生们是一群充满激情与干劲的团队,让我体验了他们对这片土地的热爱,对学术研究的执着。

　　为确保数据的延续性和科学性,2018年拉萨市农牧区民生调查是2017年调查的追踪,2017年入户调查共抽取拉萨市62个村,746户家庭,行程6万余千米。2018年的调查,由于雨季道路冲塌严重损坏路面,因而有1个村经我们多次尝试无法通过后,最终放弃;还有42户已搬迁至城镇生活,调查因故没再跟踪。最终入户调查共追踪61个村,692户农牧民家庭。本研究进一步完善了2017年的预设目标。即:一是构建既符合通用民生指标体系,又具有西藏特点的民生满意度主观评价指标体系;二是进行科学深度访谈、科学抽样和入户调查,进一步推进西藏民生研究科学化进程;三是力争为民生改善政策的制定提供事实依据与决策参考。

本次调查的分工如下：问卷由杨丹、徐爱燕、巩艳红负责总设计。入户调查由杨丹、徐爱燕总负责，何花、陈鹏负责后勤，侯仲凯负责线路规划与派样，周蓉负责与各级部门的沟通协调，曹志敏负责调研员与翻译员的招募，孙宇负责保险与劳务合同，拉毛扎西负责摄影，安浩伦负责材料的收发等。参与调查的共有 15 名督导，60 余名调研员与翻译员，历时两周完成入户走访。参与调查的教师有徐爱燕、何花、王晓芳、张晓莉、黄菊英、陈鹏、张涛玲、杨东林、巩艳红、庞洪翠、阿米娜、张建伟、刘佳、白玛玉珍、王发莉、孙宇、侯仲凯、曾攀、吴晓慧、柯燕、袁霄、徐良果、索朗拉姆等。研究生和本科生有马志鹏、闵京生、郑围尹、刘庆斌、黄星豪、崔季朋、谢维胜、王月异、龙香蓉、李媛媛、夏煜坤、马璐、李锡松、李芳慧、闫会敏、陈振扬、吴静、王金香、赵玉萍、余建华、黄阳、宋睿、卜乐、唐萍、廖红宇、沈千、孙雪丽、张雅慧、李晓璐、杨啸宇、马彪、何松泽、平措、郭灵春、拉毛东知、洛桑曲旦、次仁罗布、边巴、且增多青、西热加才、赤列云旦、扎西扎巴、次仁坚才、其美旺姆、罗布顿珠、次仁旺姆、索朗拉姆、嘎玛桑旦旺久、顿珠多吉、拉巴旦增、云丹卓玛、央珍、吉宗、边巴顿珠、云登卓玛、索朗多杰、且增卓嘎、索朗央宗、次仁曲珍、扎西曲宗、次仁达瓦、米玛卓玛等。

在走访村民的过程中我们亲身体会到这些村落的美好变化，也目睹了由于乡村与城镇发展间的差异，农区和牧区的差异因病致贫、因残致贫、因灾致贫等的极端贫困现象带给村民的无奈。但是，他们仍在脱贫一线不懈奋斗着。村民积极配合调查，为我们的调查人员送上温宜的甜茶；村委会以及各级党委和政府部门落实党和国家政策，切实将贫困人员的冷暖放在心上，为他们办实事。这种美好的互信，让我们愈加体会到精准扶贫的必要性以及民生改善的使命担当。在紧锣密鼓的调研过程中，部分团队成员有发高烧、突然高反、呕吐等身体不适，但他们毅然扛了下来，带着深深的使命感为农牧区人民做好自己力所能及的工作，行为可佩，精神可嘉。

课题组经过三个月样本有效性确认、数据清理与整理分析。经过一年半的报告写作修改、多次专家论证最终形成了 15 余万字的《拉萨市农牧区民生发展调查报告（2018）》，并形成了反映拉萨市农牧区民生现实状况与发展变化的一系列研究成果，如在《中国藏学》发表《西藏民生 2050：愿景与路径》，完成西藏自治区哲学社会科学基金重点项目"西藏民生保障与改善政策研究"研究报告及成果要报等。

2018 年的调查报告与 2017 年相比较，有继承有舍弃更有创新。针对 2018 年调查中发现的新问题，以及百姓关注的民生领域的焦点与痛点，我们的研究专题做了一些调整。例如，保留了健康、牦牛、普惠金融专题，增加了旅游等研究专题，这也是我们持续调查的特色与创新，有保留专题，也会有民生领域新话题的植入，有创新有继承，以期提供全面系统认识西藏民生状态的分析框架。

调查报告由杨丹、徐爱燕、杨帆负责总撰修订，徐爱燕、杨帆、巩艳红、侯仲凯、李文勇、吴晓慧起草初稿，后经过不断论证和修订，最终形成了本书。具体完工情况如下：第一章：徐爱燕；第二章：孙楠；第三章：杨帆；第四章：杨帆、孙宇；第五章：徐爱燕、侯仲凯；第六章：巩艳红、庞洪伟；第七章：辛馨、吴晓慧；第八章：李文勇。2018 年的调查能够顺利进行，首先，感谢拉萨市委占堆副市长，批示支持调查。作为拉萨市民，我们也切实感受到拉萨市委市政府做了大量立足长远、惠及民生的前瞻性工作，相较上一年我们欣喜地看见公交系统建设已在一些农牧区开始启动，农牧区的生产生活条件不断改善，惠及民生的工程正在如火如荼地进行。2018 年的调查结果进一步证明了这些努力的成效，为未来发展提供了参考。其次，感谢西藏大学校领导自治区人大常委会副主任、校党委书记尼玛次仁同志、纪建洲校长、副书记副校长娄源冰同志、白玛次仁副校长、张兴堂副校长、张济民副校长、央珍副校长、纪委书记崔能飞同志、西藏大学经济与管理学院杨斌院长、拉巴次仁书记的大力支持。再次，感谢河海大学常务副校长李俊杰教授、自治区高法郝银钟副厅长、自治区审计厅刘世新副厅长、自治区党校孙向军副校长、西藏大学科研处处长图登克珠教授、副处长蔡秀清副编审、马克思主义学院书记扎西教授、财经学院院长贡秋扎西教授、经济与管理学院尕藏才旦教授、久毛措教授、美郎宗贞教授、安玉琴教授，西南财经大学赵曦教授、毛中根教授、刘忠教授、胡国平副教授、伍俊骞副教授等提出的宝贵修改建议。最后，感谢人民出版社曹春编审参与组稿全过程，给出专业独到的建议。

　　项目所采集的数据定格在 2018 年年末，它记录了这个时间点拉萨市二区五县农牧民真实的生活与民生状态，记录了西藏农牧区民生发展历程中的一个个真实的脚印。我的援藏工作结束了，但是我们的研究目标正在一步步地实现，相信关于西藏民生问题的研究才刚刚拉开序幕，未来相关研究定会记录下更多西藏自治区民生改善的鲜活真实有效的信息，为拉萨为西藏发展提供科学客观的研究支持，也能为相关政策制定提供事实依据与决策参考。

杨　丹

教授、博士生导师

中组部第八批援藏干部

北京外国语大学校长

2019 年 12 月于北京

责任编辑：曹 春 朱 蔚

封面设计：汪 莹

图书在版编目（CIP）数据

拉萨市农牧区民生发展调查报告 .2018／杨丹，徐爱燕，杨帆 著 .—北京：
人民出版社，2020.12

ISBN 978－7－01－021699－7

Ⅰ.①拉… Ⅱ.①杨…②徐…③杨… Ⅲ.①居民生活－调查报告－拉萨－2018
Ⅳ.① D668

中国版本图书馆 CIP 数据核字（2019）第 296607 号

拉萨市农牧区民生发展调查报告（2018）

LASASHI NONGMUQU MINSHENG FAZHAN DIAOCHA BAOGAO (2018)

杨 丹 徐爱燕 杨 帆 著

人民出版社 出版发行

（100706 北京市东城区隆福寺街 99 号）

北京盛通印刷股份有限公司印刷 新华书店经销

2020 年 12 月第 1 版 2020 年 12 月北京第 1 次印刷
开本：710 毫米 ×1000 毫米 1/16 印张：16
字数：210 千字

ISBN 978－7－01－021699－7 定价：68.00 元

邮购地址 100706 北京市东城区隆福寺街 99 号
人民东方图书销售中心 电话（010）65250042 65289539